한시,
여가의 기술

한시, 여가의 기술

초판 1쇄 인쇄일	2025년 11월 19일
초판 1쇄 발행일	2025년 11월 26일
기　획	한국국학진흥원
지은이	장유승
펴낸이	한선희
펴낸곳	국학자료원 새미(주)
	등록일 2005 03 15 제251002005000008호.
	경기도 고양시 덕양구 권율대로 656 원흥동 클래시아 더 퍼스트 1519, 1520호
	Tel 02)442-4623 Fax 02)6499-3082
	www.kookhak.co.kr
	kookhak2010@hanmail.net
ISBN	979-11-6797-281-1 *94910
	979-11-6797-264-4 *94910 (세트)
가격	14,000원

ⓒ 한국국학진흥원 인문융합본부, 문화체육관광부

* 이 책의 한국어판 저작권은 한국국학진흥원과 문화체육관광부에 있습니다. 신저작권법에 의해 보호받는 저작물이므로 무단 전재와 복제를 금합니다.

* 저자와의 협의하에 인지는 생략합니다.
　국학자료원·새미·북치는마을·LIE는 국학자료원 새미(주)의 브랜드입니다.

한국국학진흥원 전통생활사총서 57

장유승 지음
한국국학진흥원 기획

한시,
여가의 기술

국학자료원

◈ 책머리에

 한국국학진흥원은 2022년부터 문화체육관광부의 지원 아래 전통생활사총서 사업을 기획하였다. 이 사업은 전통시대 생활문화를 대중에게 널리 알리고자 해마다 20명의 생활사 전문 연구진을 섭외하여 추진해 왔다. 지난해까지 40종의 총서를 대중에게 선보였고, 올해도 다채로운 주제를 담은 20권을 발간하였다.

 한국국학진흥원은 국내에서 가장 많은 67만여 점에 이르는 민간 기록물을 소장하고 있는 기관이다. 대표적인 민간 기록물이라 할 수 있는 일기와 고문서는 당시 사람들의 일상을 세밀하게 이해할 수 있는 생활사의 핵심 자료이다.

 그동안 한국의 역사는 '조선왕조실록'이나 '승정원일기'와 같이 세계적으로 자랑할 만한 국가 기록물의 존재로 인해 중앙을 중심으로 이해되어 온 경향이 있다. 반면 민간의 일상생활에 대한 이해와 연구는 상대적으로 덜 주목받은 것도 사실이다. 다행히 한국국학진흥원은 일찍부터 민간에 소장되어 소실 위기에 처한 자료들을 수집하고 보존 처리하며 관리해 왔다. 나아가 이들 자료를 번역하고 심층 연구하여 대중에 공개했다. 이러한 민간 기록물을 활용하고 일반 대중에게 기여할 수 있는 효과적인 방법으로, '전통시대 생활상'을 생생하게 재현한 대중서로 집필하기에 이르렀다. 이는 일반인이 쉽고 재미있게 읽을 수 있는 전통생활사총서를 간행한 이유이기도 하다.

총서 간행을 위해 일찍부터 생활사의 세부 주제를 발굴하는 전문가 자문회의를 개최하고, 전통 생활문화를 가장 잘 구현할 수 있는 핵심 키워드를 선정하였다. 인간의 생활을 규정하는 보편적 분류인 정치, 경제, 사회, 문화의 큰 틀 아래, 매년 각 분야에서 핵심적이고 흥미로운 키워드를 선정하여 집필 주제를 정했다. 이번 총서의 키워드는 정치는 '지방 수령의 생활', 경제는 '시장 경제와 화폐 유통', 사회는 '질병과 의료', 문화는 '여가생활'이다.

각 분야마다 5명의 전공자로 집필진을 구성하고, 독자들이 어디서나 가볍게 들고 다니며 쉽게 읽을 수 있도록 다양한 사례를 풍부하게 담아달라고 요청하였다. 풍부한 사례 제시와 더불어 전문 연구자의 깊이 있는 시각을 담아 대중성과 전문성을 동시에 담보할 수 있는 것이 본 총서의 매력이다.

전문적인 서술로 대중을 만족시키기는 결코 쉽지 않다. 원고 의뢰 이후 5월과 8월에는 각 분야의 전공자를 토론자로 초청하여 2차례의 포럼을 진행하였고, 11월에는 완성된 초고를 바탕으로 대규모 학술대회를 개최하였다. 포럼과 학술대회를 통해 원고의 방향과 내용이 더욱 견고해지도록 점검하는 시간을 가졌다. 원고 수합 이후에는 각 책마다 전문가 3인의 심사 의견을 받았다. 출판사를 선정하여 수차례의 교정과 교열 작업을 거치며 완성도를 극대화했다. 책이 세상의 빛을 보기까지 꼬박 2년이 걸렸다. 짧다면 짧은 기간이지만, 2년의 응축된 시간 동안 꾸준히 검토 과정을 거쳤고, 토론과 교정을 통해 원고의 완성도를 높이기 위해 분주히 노력했다.

전통생활사총서는 국내에서 간행하는 생활사총서로는 가장 방대한 규모이다. 국내에서 전통생활사를 연구하는 학자 대부분을 포함하였다. 2024년도 한 해의 관계자만 연인원 백 명이 넘는 명실공히 국내 최대 규모의 생활사 프로젝트이다.

1990년대 이후 폭발적으로 증가했던 일상생활사와 미시사 연구에 대한 학계의 관심이 근래 들어 다소 소홀해진 상황이다. 본 총서의 발간이 생활사 연구에 활력을 불어넣는 계기가 되기를 기대한다. 연구의 활성화는 연구자의 양적 증가로 이어지고, 연구의 질적 향상 또한 이끌 것이다. 이는 전통문화에 대한 대중들의 관심 역시 증폭시키는 선순환을 만들어 낼 것이라 고대한다.

본 총서는 한국국학진흥원의 연구 역량을 집적하고 이를 대중에게 소개하기 위해 기획된 대표적인 사업 중 하나이다. 참여 연구자의 대다수가 전통시대 전공자이며 앞으로 수년간 지속적인 간행을 준비하고 있다. 올해에도 20명의 새로운 집필자가 각 어젠다를 중심으로 집필에 들어갔고, 내년에 또 20권의 책이 간행될 예정이다. 앞으로 계획된 총서만 100권에 달하며, 여건이 허락하는 한 이 소중한 작업을 지속할 예정이다.

대규모 생활사총서 사업을 지원해 준 문화체육관광부에 감사하며, 본 기획이 가능하게 된 것은 한국국학진흥원에 자료를 기탁해 준 분들 덕분이다. 다시 한번 깊이 감사드린다. 아울러 총서 간행에 참여한 집필자, 토론자, 자문위원 등 연구자분들께도 진심으로 감사 인사를 전한다. 책의 편집을 책임진 국학자료원에도 고마움을 표한다. 이 모든 과정은 한국국학진흥원 여러 구성원들의 노력이 있었기에 가능했다.

2025년 11월
한국국학진흥원 인문융합본부

차례

책머리에   4

1. 한시의 역사   11

시詩의 기원은 노래   13
우리나라 한시의 첫 모습   17
신라의 한시   22
고려의 한시   25
조선의 한시 ① 시는 남는 재주   29
조선의 한시 ② 한시의 쓸모   32
조선의 한시 ③ 나라를 빛내는 문학   34
한시의 쇠락   37

2. 한시의 창작과 유통   41

옛사람의 생애와 한시   43
한시, 일상의 기록   47
한시, 자기선전의 수단   51
입에서 입으로 전해진 한시   54

| 한시의 문헌 정착 과정 | 60 |
| 한시의 독자 | 64 |

3. 한시와 놀이 67

한시 놀이의 기원	69
〈태평송〉은 한시 놀이인가	72
〈선기도〉, 한시를 이용한 퍼즐게임	75
초급자용 한시 놀이 – 초중종	83
중급자용 한시 놀이 – 시패	88
퍼즐게임과 보드게임	92
함께하는 놀이	96
가족 시회	100
잡체시	103
글자 쪼개기	106
연구聯句, 함께 짓기	108
한시 형식의 파괴	113
한시, 근대의 오락물	116
한시 놀이에서 시조 놀이로	120

4. 문학과 놀이 　　　　　　　　　　123

　성불도, 부처님 되는 놀이　　　125
　작성도, 유학의 성인 되기　　　128
　종정도, 출세를 위한 인생 게임　131
　한시가 놀이인 이유　　　　　　136
　삼행시와 차운시　　　　　　　140
　차운시의 유래　　　　　　　　142
　원작을 넘어서려는 시도　　　　145
　차운시의 명암　　　　　　　　148
　놀이의 특성　　　　　　　　　151
　놀이의 분류　　　　　　　　　154
　놀이의 흥미요소　　　　　　　157

　나오는 말_ 한시의 미래　　　　160

　참고문헌　　　　　　　　　　163

1

한시의 역사

시詩의 기원은 노래

　시라고 하면 '어렵다'는 생각부터 든다. 시를 읽어봐도 무슨 소리를 하는 건지 알 수 없다. 시의 언어는 일상의 언어와 다르기 때문이다. 어째서 다를까. 시의 언어는 의미를 드러내기보다 숨기려 한다. 이른바 '함축'이다. 덕택에 시인은 짧은 시에도 깊은 의미를 담을 수 있다. 하지만 독자의 입장에서는 골치 아픈 일이다. 시를 이해하려면 보물찾기 하듯 시인이 숨겨놓은 의미를 찾아야 한다. 시가 어려운 이유가 이것이다.

　시는 원래 어렵지 않았다. 시가 어려워진 것은 시가 음악과 작별하면서부터다. 시는 원래 노래였다. 오랜 세월이 흘러 음악은 없어지고 가사만 남은 것이 시다. 시는 음악 없는 노래다.

　동아시아에서 시의 기원은 『시경詩經』으로 거슬러 올라간다. 유교 경전의 하나로 알려져 있지만, 원래는 평범한 백성이 부르던 노래를 모은 책이다. 노래를 한데 모은 이유는 여론을 듣기 위해서다. 사람들은 행복하면 인생의 즐거움을 노래하고, 불행하면 인생의 고통을 노래하기 마련이다. 인생의 고통이 누군가가 정치를 잘못한 탓이라면 비난도 서슴지 않는다. 따라서 통치자는 백성의 노래에 귀를 기울일 필요가 있었다.

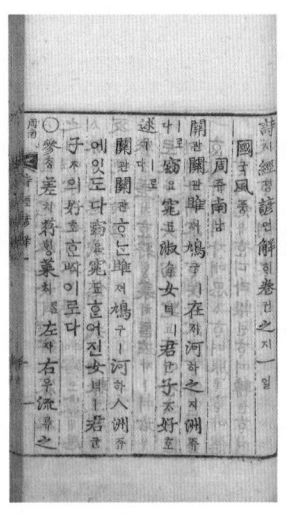

그림 1

『시경언해詩經諺解』, 한국국학진흥원 소장, 광산김씨 설월당종가 기탁

『시경』을 우리말로 풀이한 책이다. 『시경』은 원래 민간 가요를 모은 책이었다.

關關雎鳩　　끼룩끼룩 물수리

在河之洲　　강가 모래섬에 있네

窈窕淑女　　아리따운 여인은

君子好逑　　남자의 좋은 짝이네

『시경』 첫머리에 실려 있는 시다. 원래는 제목이 없었지만, 훗날 첫구의 두 글자를 따서 '관저關雎'라고 불렀다. 아마 이 노래를 처음 부른 사람은 강가 모래섬에 앉은 물수리 한 쌍을 보면서 잘 어울리는 선남선녀 한 쌍을 떠올린 모양이다. 쉽게 말해 사랑 노래다. 어쩌다보니 이 노래가 널리 퍼져 많은 사람들이 부르는 유행가가 되었다. 원래 유행가란 대부분 사랑 노래이지 않은가.

어떤 사람들은 이 시를 정치적으로 해석한다. 주周나라 문왕文王이 현숙한 여인 태사太姒를 아내로 맞이한 일을 찬미하는 시라는 것이다. 그러니까 '아리따운 여인'은 태사, '남자'는 문왕이라는 말인데, 과연 그런지는 모르겠다.

『시경』에 실려 있는 시는 지금으로부터 3천 년 전에서 2천 5백 년 사이에 민간에서 부르던 노래의 가사이다. 이 고대의 유행가가 오랜 세월을 거치면서 여러 가지 의미가 덧붙여졌다. '관저'를 문왕과 태사를 찬미한 시로 해석하는 것도 그중 하나다. 『시경』에 실려 있는 시를 도덕적 관점에서 해석하면서 마침내 『시경』은 경전의 반열에 올랐다. 원래 노래였던 성경의 시편이 지금 많은 사람들이 떠받드는 '말씀'이 된 것과 마찬가지다.

『시경』은 고대 동아시아 사회의 공통 교양이었다. 『시경』에 실려 있는 시를 인용하면 말이 통하지 않는 먼 지방 사람들과도 어느 정도 의사소통이 가능했다. 그래서 공자는 말했다. "『시경』 3백 편을 외우면서 정치를 맡겨도 능숙하지 못하고 사방에 사신으로 가서도 혼자 대답하지 못하면 많이 외운들 무슨 소용인가." 중국 춘추시대의 정치가와 외교관은 『시경』을 완전히 머릿속에 넣고 적재적소에

꺼내 쓸 수 있어야 했다.

그러나 전국시대에 들어오면서 시의 위상은 하락하기 시작했다. 종주국 주나라가 힘을 잃으면서 백성의 노래를 수집하는 전통이 끊어졌다. 백성의 여론이 사라진 자리를 대신한 것은 제후들이 제 입맛대로 편찬한 역사책이었다. 이를 두고 맹자는 "왕자의 자취가 사라지자 시가 없어지고, 시가 없어지자 춘추가 생겨났다."라고 했다.

백성의 노래를 수집하는 전통이 끊어지자 통치자는 더 이상 여론에 귀를 기울이지 않았다. 백성이 부르던 노래의 가치를 재발견한 사람은 글을 읽고 쓰는 능력을 갖춘 지식인이었다. 백성이 노래를 통해 통치자를 칭송하고 비판한 것처럼, 지식인은 시를 통해 통치자를 칭송하고 비판했다. 아무나 부를 수 있었던 노래와 달리, 시는 능력 있는 사람만 지을 수 있었다. 투박한 표현은 세련되게 변하고, 제멋대인 형식도 점차 통일되었다. 네 글자가 한 구를 이루는 노래의 형식은 다섯 글자 또는 일곱 글자가 한 구를 이루는 형식으로 바뀌었다. 이것이 한시漢詩다.

우리나라 한시의 첫 모습

우리나라 시의 기원 역시 노래다.

   公無渡河 님이여 물을 건너지 마오
   公竟渡河 님이 끝내 물을 건너네
   墮河而死 물에 빠져 죽었으니
   當奈公何 님이여 어찌하리오

한국문학사의 첫머리에 등장하는 〈공후인箜篌引〉이다. '조선진朝鮮津의 군졸 곽리자고霍里子高의 아내 여옥麗玉'이 지었다고 알려져 있지만, 사실 이 시의 국적은 불분명하다. 조선진이 어디인지부터 알 수 없다. 한강이라는 주장도 있고 대동강이라는 주장도 있지만, 중국의 지명이라는 주장도 있다. 그렇지만 조선시대 사람들도 이 시의 배경이 우리나라라고 하였으니, 우리 시로 보아도 무방할 것이다.

 나루터를 지키던 곽리자고는 머리를 풀어헤친 남자가 술병을 들고 물에 뛰어드는 모습을 보았다. 뒤따라온 아내가 말렸지만 소용없었다. 물결에 휩쓸린 남자는 모습을 감추었다. 아내는 통곡 끝에 슬픈 노래를 부르더니 남편을 따라 물에 뛰어들었다. 이 광경을 처음부터 끝까지 목격한 곽리자고는 집으로 돌아가 아내 여옥에게 이 이야기를 들려주었다. 여옥은 그 여인이 부르던 노래를 널리 전했다. 이 노래가 훗날 한자로 기록되어 〈공후인〉이라는 제목이 붙은 것이다. 요컨대 이 시는 한 여인이 물에 빠진 남편을 따라 뛰어들기 전에 불렀던 슬픈 사랑 노래다.

  이 시를 두고 여러 가지 해석이 나왔다. 남편의 죽음은 제정일치 사회가 막을 내리면서 몰락한 신관神官 계급을 상징한다고 보기도 하고, 아내의 죽음은 남편이 죽으면 따라죽는 유교적 덕목으로 해석되기도 한다. 하지만 그렇게 복잡하게 해석할 필요는 없을 것 같다. 사랑하는 사람을 상실한 원초적 감정에서 저절로 나온 노래라고 볼 수 있다.

翩翩黃鳥	펄펄 나는 저 꾀꼬리
雌雄相依	암수 서로 정답구나
念我之獨	외로워라 이 내 몸은
誰其與歸	뉘와 함께 돌아갈꼬

  고구려 유리왕의 〈황조가〉이다. 〈관저〉와 마찬가지로 한 쌍의 새를 보고 부른 노래인데, 분위기는 사뭇 다르다. 〈관저〉가 연애를

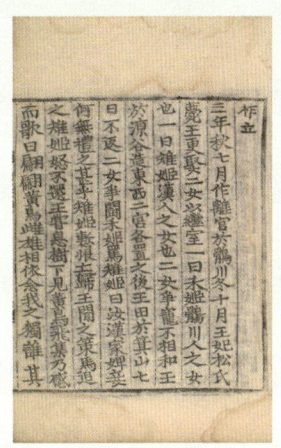

그림 2
『삼국사기三國史記』, 국립중앙도서관 소장
「고구려본기」 유리왕 조에 〈황조가〉가 실려 있다.

막 시작하는 남녀의 두근두근한 심정을 말한다면, 〈황조가〉는 이별의 슬픔을 말한다. 유리왕이 두 번째 아내 치희雉姬와 헤어지고 부른 노래이기 때문이다.

한자로 기록되어 있지만, 유리왕이 한자로 시를 지었을 거라고 생각하기는 어렵다. 아마 유리왕은 우리말로 노래를 불렀을 것이다. 그것이 훗날 기록되는 과정에서 한자로 바뀌었을 것이다. 〈황조가〉는 네 글자가 한 구를 이루고 있다. 『시경』에 실려 있는 시와 같다. 〈공후인〉, 〈구지가〉 모두 마찬가지다. 원래 우리말 가사였겠지만 기록할 문자가 없어 한자를 빌려 쓰다 보니 『시경』에 실려 있는 시와 비슷한 형태가 되었다.

우리나라에 한자가 들어온 것은 기원전 2세기 경으로 추정된다. 중국이 이른바 한사군漢四郡을 설치하여 요동과 한반도 북쪽을 통치하던 시기다. 그 뒤 중국과의 접촉이 빈번해지면서 우리도 자연스럽게 한자를 사용하게 되었을 것이다.

삼국시대에는 한시를 지을 줄 아는 사람이 많지 않았을 것이다. 그래도 중국 사람을 상대하려면 한시를 지을 수 있어야 하니, 소수나마 한시를 지을 줄 아는 사람이 있었을 것이다. 그중 대표적인 사람이 고구려 장군 을지문덕이다. 612년 수隋나라 장군 우중문于仲文이 대군을 이끌고 고구려로 쳐들어왔다. 을지문덕은 우중문에게 시를 보냈다.

神策究天文	신기한 책략은 천문을 다 헤고
妙算窮地理	교묘한 계산은 지리를 꿰뚫었네
戰勝功旣高	싸움 이겨 공이 이미 높으니
知足願云止	만족하고 이제는 그쳐주기를

우중문은 을지문덕의 시를 평화적 제스처로 해석하고 답장을 보냈다. 을지문덕은 우중문이 군사를 물리면 항복하러 가겠다고 약속해 놓고 살수의 물살로 수나라 군대를 휩쓸어버렸다. 외교 문제를

대화로 해결할 수 있다고 믿었던 우중문은 호되게 뒤통수를 얻어맞는다. 시를 통해 넌지시 의사를 전달하는 외교의 시대는 이렇게 막을 내렸다.

신라의 한시

618년, 당나라가 중국 대륙을 차지했다. 대륙을 평정한 당 태종은 동쪽으로 눈을 돌렸다. 오랜 골칫거리였던 고구려와 백제를 정벌하기로 결심했다. 고구려와 백제의 침략에 시달리던 신라가 당나라의 편에 선 것은 당연한 결과였다.

한때 고구려와 백제 땅을 두고 다투기도 했지만, 신라와 당나라는 오랫동안 친선관계를 유지했다. 신라 사람들은 공부하러, 장사하러, 벼슬하러 당나라로 건너갔다. 세계 제국 당나라는 외국 유학생이 과거시험에 합격할 수 있는 길도 열어놓았다. 합격하더라도 미관말직을 얻는 데 불과하지만, 당나라에서 능력을 인정받았다는 명성을 얻을 수 있다면 감내할 만하다.

왕족과 육두품 일부가 당나라에 유학갔다. 신라에서 당나라로 건너간 유학생이 2천 명을 넘는다는 연구도 있다. 이들은 그곳에서 과거시험을 준비하고 사람들과 어울리면서 시 짓는 법도 배웠을 것이다. 당나라에서 공부하고 벼슬한 신라 문인들이 당나라 문학의 영향을 받은 것도 당연한 결과였다. 신라 문인의 한시 창작 능력은 비약적으로 상승했다. 당나라 문인들과 어깨를 나란히 할 정도였다. 최치원崔致遠이 대표적이다.

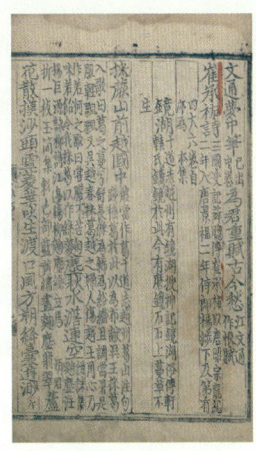

그림 3

『협주명현십초시夾注名賢十抄詩』, 국립중앙도서관 소장

당나라와 신라의 시를 함께 엮은 책이다. 최치원, 최광유, 최승우 등 신라 시인들의 시가 당나라 시인들의 시 사이에 섞여 있다.

    최치원의 신분은 육두품이었다. 골품제가 지배하는 신라에서 그의 한계는 명확했다. 넓은 세계에서 능력을 증명할 필요가 있었다. 그가 당나라로 떠날 당시 겨우 열두 살이었다. 열 여덟 살에 외국인 특별전형 빈공과에 급제했지만 세상은 만만치 않았다. 작은 고을의 원님이나 장군의 서기관 노릇을 전전하다가 스물 여덟 살에 귀국했다. 당나라에서 지은 시문을 신라 헌강왕에게 보여주자 헌강왕은 곧바로 그를 등용했다. 최치원은 신라 사회를 개혁할 방안을 모색했지만 이미 신라의 국운은 기울어가고 있었다. 결국 그는 자취를 감추고 말았다.

秋風惟苦吟	가을바람 부는데 괴롭게 읊조리니
擧世少知音	온 세상에 마음 알아주는 이 드무네
窓外三更雨	창문 밖에는 삼경의 빗소리
燈前萬古心	등불 앞에서 만 리를 가는 마음

최치원의 대표작 〈가을밤 빗속에서(秋夜雨中)〉이다. 이유를 알 수 없는 쓸쓸함이 느껴진다. 최치원의 시는 대체로 이런 분위기인데, 만당(晚唐)의 시와 비슷하다고 한다. 그의 유학 시절이 당나라 말기에 해당하므로 자연히 그 분위기에 익숙해졌다는 것이다.

이 시는 최치원이 당나라에 있을 때 고향 신라를 그리워하며 지었다는 해석이 지배적이지만, 그가 당나라에서 지은 시를 모은 『계원필경집(桂苑筆耕集)』에는 보이지 않으니, 신라에서 지었다고 보아야 한다. 그렇다면 최치원의 마음은 만 리나 되는 공간을 뛰어넘어 어디로 갔던 것일까. 신라에서 현실의 벽을 마주하자 과거 몸담았던 넓은 세계가 떠올랐던 것은 아니었을까.

고려의 한시

중국 대륙의 주인이 바뀔 때마다 한반도 역시 그 영향으로 요동쳤다. 당나라가 망하고 대륙이 오대십국으로 분열되자 한반도는 다시 삼국으로 갈라졌고, 송나라가 대륙을 통일하자 고려가 한반도를 통일했다.

고려는 송나라에서 과거제도를 도입하고 시를 시험과목으로 삼았다. 시의 위상은 이전과 현격히 달라졌다. 너도나도 출세를 위해 시를 배웠다. 당나라 백거이白居易와 송나라 소식蘇軾의 시가 특히 인기였다. 고려 사람들이 중국에 와서 중국 책을 하도 많이 사가는 바람에 금지해야 한다는 이야기가 나올 정도였다. 33명의 과거 합격자를 발표할 때마다 세간에서는 33명의 소식이 나왔다고 떠들썩했다.

시를 과거시험 과목으로 채택한 덕분인지 고려의 문인들은 누구나 시를 지을 줄 알았다. 국왕은 자주 시짓는 모임을 열어 관료들의 시를 평가하고 시상했다. 이것이 무신정변의 계기가 되었다. 1164년, 고려 의종이 별장에 행차하여 밤늦게까지 관원들과 시를 주고받았다. 시를 지을 줄 모르는 무신들에게는 곤욕스러운 일이었다. 결국 정중부는 이날부터 정변을 일으키기로 결심하고 6년 뒤 실천에 옮겼다. 무신정변은 시 때문에 일어난 것이다.

고려 초기에 왕실 주최로 자주 열렸던 시 짓는 모임의 빈도는 무신집권기에 현격히 줄어들었다. 재야로 도피한 문인들의 소일거리 역시 시였다. 이들은 시 짓는 모임을 열어 불만을 달래며 세상이 바뀌기를 기다렸다.

우여곡절 끝에 최충헌崔忠獻이 집권했다. 그는 정국의 안정을 위해 문인들의 협력을 필요로 했다. 최충헌은 시 짓는 모임을 열어 문인들을 불러모아 능력과 충성도를 시험했다. 이때 등용된 인물이 〈동명왕편〉으로 유명한 이규보李奎報이다.

半日暫叨堂上客　한나절 마루 위 손님 되었으니
一生應詑世間人　평생 세상 사람들에게 자랑해야지
重恩欲報良無計　무거운 은혜 갚으려 해도 방법이 없으니
但祝千年壽等椿　참죽나무처럼 천 년 장수하길 기원할 뿐이네

이규보가 최충헌의 시 짓는 모임에 불려가서 지은 시의 일부다. 벼슬 없는 일개 선비가 당대 최고의 권력자의 초청을 받았으니 영광스러운 일이다. 평생의 자랑거리로 삼겠다고 다짐한다. 이 은혜를 어떻게 갚을 수 있을까. 앞으로도 계속 권력을 차지하고 부귀영화를 누리라고 최충헌을 축복한다. 노골적인 아첨이지만 이규보는

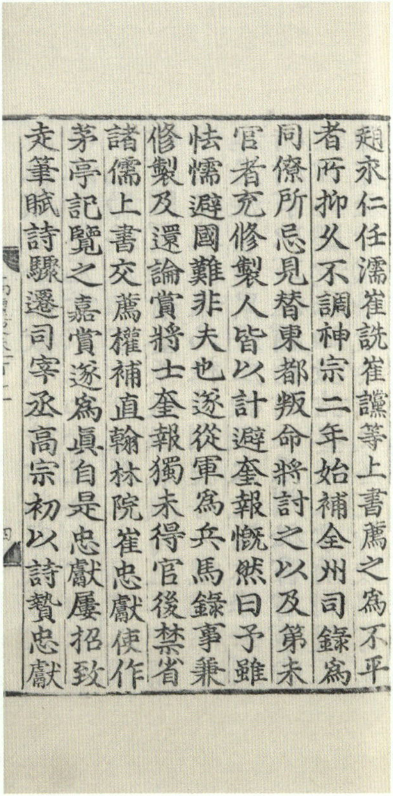

趙永仁任濡崔詵崔讜等上書薦之爲不平
者所抑久不調神宗二年始補全州司錄爲
同僚所忌見替東都叛命將討之以及第未
官者充修製人皆以計避奎報慨然曰予雖
怯懦避國難非夫也遂從軍爲兵馬錄事兼
修製及還論賞將士奎報獨未得官後禁省
諸儒上書交薦權補直翰林院崔忠獻使作
茅亭記覽之嘉賞遂爲眞自是忠獻屢招致
走筆賦詩驟遷司宰丞高宗初以詩贄忠獻

그림 4

『고려사高麗史』, 「이규보열전李奎報列傳」, 서울대학교 규장각한국학연구원 소장

이규보가 시를 지어 최충헌에게 인정을 받고 관직에 오른 경위를 서술했다.

절박했다. 권력자가 등용하지 않으면 문인은 아무것도 하지 못한다. 결국 이규보는 최충헌의 눈에 들어 관직을 얻는다.

최충헌이 주최한 시 짓는 모임은 문인의 출셋길이자 권세를 과시하는 수단이기도 했다. 과거 국왕이 문신 관료들을 불러모아 시 짓는 모임을 열었던 것처럼, 최충헌은 허수아비 국왕을 대신하여 시 짓는 모임을 열고 문인들을 쥐락펴락했다. 문인들로서도 거부할 수 없는 유혹이었다. 최충헌이 개최한 모임에 참석해서 시를 잘 지으면 관직을 얻을 수 있었기 때문이다. 고려 말기까지도 시는 출세의 수단이었다. 하지만 이러한 분위기는 성리학적 이념을 중시하는 조선이 고려를 대신하여 한반도의 주인으로 자리잡으면서 조금씩 바뀌기 시작한다.

조선의 한시 ① 시는 남는 재주

1392년, 조선이 건국했다. 조선은 고려 말기의 방탕하고 나태한 사회 풍조를 혁신해야 했다. 이를 위해 성리학을 통치 이념으로 채택했다. 성리학자에게 문학이란 이념을 구현하기 위한 도구에 불과하다. 문장에 도道를 싣는다는 '문이재도文以載道'라는 성리학자의 문학관은 문학이 철저히 이념에 복무해야 한다는 주장이다. 문학 자체의 아름다움을 추구하는 행위는 벌레나 새기는 작은 재주, '조충소기雕蟲小技'로 치부했다. 글자나 다듬고 꾸미는 자잘한 짓이라는 말이다. 시는 '여기餘技'라고 폄하했다. 우리말로 남는 재주, 있으면 좋지만 없어도 그만인 재주라는 말이다.

공자는 말했다. "행동하고 남은 힘이 있거든 글을 배우라.[行有餘力, 則以學文]" 공부보다 실천이 중요하다는 뜻이다. 공부는 남는 힘[餘力]으로 하는 것이었다. 공부에도 중요한 것과 중요하지 않은 것이 있다. 조선시대 공부의 핵심은 독서와 작문이다. 작문보다 독서가 중요했다. 성현이 남긴 경전을 반복해서 읽고 그 의미를 탐구하는 것이 가장 중요한 공부였다. 경학經學, 또는 경술經術이라고 한다. 경학은 국가 운영을 위한 이념이었다. 이에 비해 작문은 중요성이 떨어진다. 시는 작문 중에서도 더욱 긴요하지 않은 것이었다.

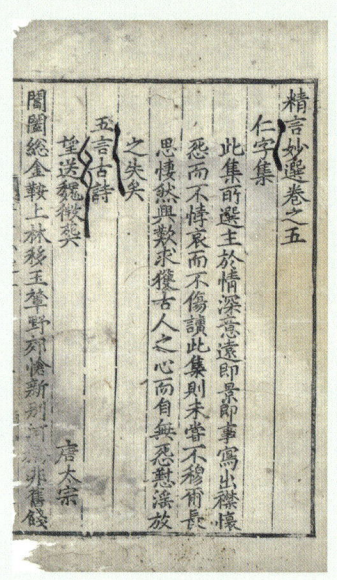

그림 5

『정언묘선精言妙選』, 서울대학교 규장각한국학연구원 소장

율곡 이이가 편찬한 시선집으로 성리학자의 문학관을 보여준다.

시의 필요성을 인정한 성리학자도 있었다. 율곡 이이는 『정언묘선精言妙選』이라는 시집을 엮었다. 중국의 명시를 가려 뽑은 시집이다.

> 시는 성정性情에서 나오니 억지로 만드는 것이 아니다. 소리의 높낮이는 저절로 나오는 것이다. 『시경』은 사람의 감정을 다하고 사물의 이치에 두루 통하여 넉넉하고 부드럽고 충실하고 도타우니, 이것이 시의 근본이다.

시대가 점점 내려오자 풍속이 각박해져 시가 전부 올바른 성정에서 나오지는 못하고, 겉치레를 꾸며 남의 눈을 기쁘게 하는 경우가 많아졌다. ……

시는 학문하는 사람이 할 일은 아니지만 성정을 읊조려 맑고 시원하게 펼쳐 가슴 속의 찌꺼기를 씻어내는 것이니, 수양에 도움이 된다. 어찌 갖가지로 꾸미느라 마음을 방탕하게 하겠는가. 이 책을 보는 사람은 이 점을 유념하라.

『정언묘선』의 서문이다. 시는 『시경』의 시처럼 진실해야 한다. 억지로 꾸며서 만들면 안 된다. 올바른 마음에서 자연스럽게 나오는 시가 좋은 시이다. 시는 학문하는 사람이 몰두할 일이 아니며, 마음 수양의 도구일 뿐이다. 이것이 성리학자의 시론이다.

『정언묘선』에 수록된 시는 기발한 표현이나 정교한 구성과는 거리가 멀다. 꾸밈 없고 자연스러우면서 온화하고 차분한 분위기의 시다. 그것이 올바른 마음에서 나온 시이며 성리학자가 생각하는 시의 모범이었다.

조선의 한시 ② 한시의 쓸모

경학이 작문보다 우선이라지만 작문을 포기할 수는 없다. 실용성을 따지자면 경학보다 작문이 우위이기 때문이다. 경학이 국가 운영의 이념이라면, 작문은 국가 운영의 수단이다. 작문은 국가의 외교와 행정에 두루 필요하다.

국가는 표면적으로 이념을 중시했지만, 실제로는 문학에 뛰어난 인재를 간절히 필요로 했다. 조선의 과거 시험에 경학을 시험하는 생원과生員科와 문학을 시험하는 진사과進士科가 공존하고, 진사과 합격자가 오히려 우대받은 이유이다. 조선 초기의 이른바 '경술經術과 사장詞章의 논쟁'은 이념보다 수단을 중시하는 국가 정책을 본말전도로 간주한 이들의 문제제기였다.

특히 중국과의 외교에 국가의 운명을 걸었던 조선으로서는 효율적 의사소통과 원만한 상호관계를 위해 문학의 중요성이 특히 컸다. 문학 중에서도 시는 실용성이 떨어지는 장르라는 것이 일반적인 견해이지만, 조선은 달랐다. 조선에 파견된 중국 사신과의 소통이 시를 중심으로 이루어졌기 때문이다. 이 때문에 정책적으로 시를 장려했다. 관원에게 휴가를 주어 시짓기를 훈련하는 사가독서賜暇讀書, 매달 정해진 주제에 따라 시문을 창작하는 월과月課, 이미 과거에 급제한 관원을 대상으로 다시 시험을 치르는 중시重試와 문신 정시文臣庭試, 이 모든 정책이 관원의 시 짓는 능력을 향상시키기 위한 것이었다.

이뿐만이 아니다. 왕명으로 당송唐宋 문인들의 시집과 각종 시 학습서를 간행하고, 수많은 관원들을 투입하여 『두시언해杜詩諺解』, 『찬주분류두시纂註分類杜詩』와 같은 시 해설서를 편찬했다. 모두 국가 주도의 사업이었다. 이 때문에 조선 사람들이 시를 바라보는 시선에는 상반된 인식이 공존했다. 시는 바람이나 읊조리고 달이나 감상하는 '음풍농월吟風弄月'이기도 하고, 나라를 빛내는 문학, 즉 화국문장華國文章이기도 했다.

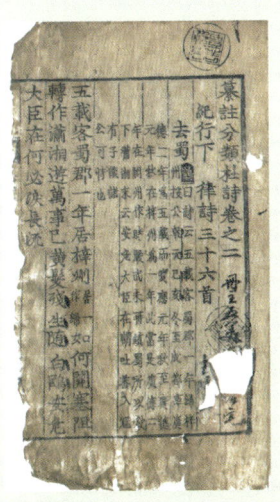

그림 6
『찬주분류두시纂註分類杜詩』,
한국국학진흥원 소장, 풍산김씨 영감댁 기탁

시학詩學을 진흥하기 위하여 두보杜甫 시의 여러 주석을 종합 정리한 책이다. 1443년 세종의 명에 의해 편찬되었으며, 안평대군이 편찬 작업을 총괄하였다.

조선의 한시 ③ 나라를 빛내는 문학

조선에 파견된 중국 사신, 정확히 말하자면 명나라 사신과 조선 관원의 의사소통이 시를 중심으로 이루어진 이유는 시가 같은 문화권에 속한 사람들이 공유하는 문학이기 때문이다. 전 세계 사람들이 비슷한 생활을 하고 있는 지금도 다른 문화권의 시를 이해하기는 여전히 어렵다. 문화의 차이도 크지만 언어의 차이도 크기 때문이다. 함축과 여운, 운율 따위의 각종 언어적 효과를 그대로 살리면서 시를 번역하는 것은 불가능하다. 시는 같은 언어를 사용하는 사람들만 공유하는 문학이다.

명나라와 조선의 언어는 다르지만 문자는 같았다. 동일한 문자는 동일한 문화의 전제 조건이다. 『중용中庸』의 "같은 문자를 사용하고 같은 수레를 탄다.[書同文, 車同軌]"라는 말은 중국 중심의 세계질서에 속한 동아시아 여러 나라의 문화적 동질성을 의미한다. 명나라와 조선이 공유하는 문자인 한자로 지은 시를 주고받으며 명나라 사신과 조선 관원은 조선이 명나라가 주도하는 세계질서에 편입되어 있다는 사실을 확인하였다. 임진왜란을 경험하며 조선은 명나라 중심의 세계질서를 새삼 각인하였고, 양국은 더욱 긴밀히 연결되었다.

그러나 병자호란과 그 뒤를 이은 명나라의 멸망은 조선 사람의 세계 인식에 근본적 전환을 요구하였다. 청나라 역시 조선에 사신을 파견하였고, 조선 국왕과 관원은 이들을 영접했다. 표면적으로 청나라와 조선의 관계는 명나라와 조선의 관계와 크게 달라 보이지 않는다. 결정적 차이는 시를 통한 외교적 의사소통이 중단되었다는 점이다.

조선은 청나라를 상국으로 섬길 수밖에 없었지만, 동일한 문화권의 국가로는 인정하지 않았다. 청나라는 어디까지나 '오랑캐'였다. 시를 통한 의사소통이 중단되었으니 국가에서 시를 장려할 이유도 없다. 조선 전기에 마련한 각종 문예 진흥 정책은 차츰 형해화하였고, 시는 '무쓸모'의 음풍농월로 전락하고 말았다.

> 우리나라 선조宣祖 이전에는 시학詩學이 매우 성대하였다. 당시 독서당부터 대제학의 선발까지 모두 시를 우선으로 하고 문을 뒤로 하였으니, 오로지 중국 사신을 접대하기 위해서였다.…(중략)…그러나 병자년(1633) 이래로 다시는 중국과 수창하는 일이 없어 문단에서는 오로지 문장만 숭상하였고 유림에서도 시를 얕은 재주로 여겼으니, 시는 마침내 귀하지 않게 되었다.

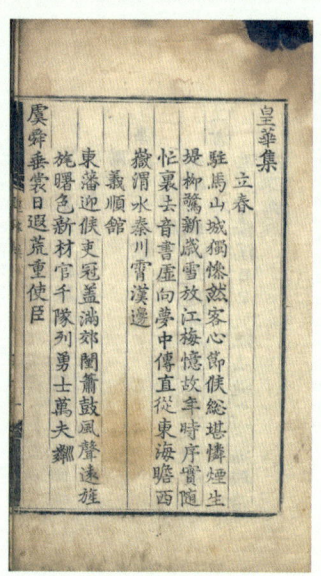

그림 7

『황화집皇華集』, 한국국학진흥원 소장, 영천이씨 농암종택 기탁

명 사신과 조선 관원이 수창한 시를 엮은 책이다.

이정직李定稷(1853~?)에 따르면 조선 중기까지 한시의 위상이 높았던 것은 오로지 중국 사신과의 수창 때문이었다. 사가독서제를 시행하고, 대제학을 선발할 때 한시를 중시한 것도 그 때문이었다. 그러나 2백여 년 가까이 이어진 중국 사신과의 수창은 1633년을 끝으로 완전히 중단되었다. 한시는 공적, 실용적 기능을 상실하고 말았다.

한시의 쇠락

실용과의 결별로 시의 위상은 하락했다. 역설적으로 이는 시를 이념의 구속에서 해방하는 계기가 되었다. 시가 아무리 쓸모없다지만, 고도의 언어 예술로서 여전히 거부할 수 없는 매력이 있었다. '시인'을 자처하는 사람들이 나타난 이유가 이것이다.

이들은 조선 후기 지식인 사회의 주류 담론이었던 예학과 성리학에는 별 관심이 없었다. 과거시험을 노리고 시를 익히는 것도 아니었다. 이들의 관심사는 오로지 시 그 자체였다. 마음 맞는 사람들끼리 정기적으로 모여 시를 지었다. 시사詩社라고 한다.

시를 지으려면 상당한 기간의 수련이 필요하다. 때문에 한동안 시는 문인 사대부 계층을 다른 계층과 구분짓는 '문화자본'이었다. 그러나 조선 후기에 접어들어 식자층이 늘어나면서 시를 지을 줄 아는 사람도 급격히 증가했다. 양반을 흉내내려면 시 한 수쯤 지을 줄 알아야 한다. 사대부 문화를 동경하던 중인 계층이 먼저 뛰어들었다. 조선 후기의 주요 시인이 대부분 여항인閭巷人이었던 이유다. 시 비평서, 시화詩話의 저자도 대부분 여항인이다. 시화의 저자가 주로 사대부였던 조선 전기와는 사뭇 다른 현상이다.

1737년, 『소대풍요昭代風謠』가 간행되었다. 오로지 여항인만의 시를 엮은 시선집이었다. 이전까지의 시선집은 사대부 계층의 시를 주로 실었다. 여항인의 시는 좀처럼 시선집에 싣지 않았고, 싣더라도 끄트머리에 몇 편 보태 넣어 구색을 맞추는 수준에 불과했다. 그러나 조선 후기 여항인은 경제적 성장에 힘입어 사대부의 영역을 넘보기 시작했다.

『소대풍요』가 간행되고 60년이 지난 1797년, 두 번째 여항인 시선집 『풍요속선風謠續選』이 간행되었다. 다시 60년이 지난 1857년, 세 번째 여항인 시선집 『풍요삼선風謠三選』이 간행되었다. 시단의 중심은 완전히 여항인에게 넘어왔다.

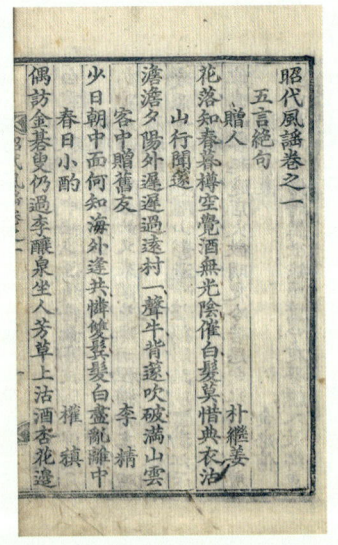

그림 8
『소대풍요昭代風謠』, 서울대학교 규장각한국학연구원 소장
1737년 편찬된 여항인 시선집이다.

황화수창의 중단 이후로 한시의 사회적 위상은 점차 하락하는 추세를 보인다. 이에 따른 문예정책과 출판활동의 변화도 감지된다. 사가독서와 월과제는 유명무실해지고, 조선 전기와 달리 국가에서 시집과 시학서를 간행하는 일도 드물었다. 조선 전기 대제학 사직소에 단골로 거론되던 '시를 잘 짓지 못하여 황화수창이 어렵다'라는 변명도 더 이상 보이지 않는다. 관각 문인이 주도하던 사찬 시선집과 시화서의 편찬은 한미한 사대부와 여항인에게 넘어갔다. 시 짓는 능력은 더 이상 관원의 필수 소양이 아니었으며, 시단의 주도권은 '전문 시인'에게 넘어갔다.

 전문 시인의 등장은 시단의 중심이 관각을 벗어나기 시작했다는 사실을 의미하며, 한시 담당 계층의 신분적 하락의 기점이다. 그것은 시가 지식인 사회의 공통 담론으로서의 위상을 상실하는 결과를 초래했다. 작자층의 확대, 작품수의 증가로 호황을 누린 것처럼 보이는 조선 후기 한시사는 실상 한시가 사대부의 공통 담론에서 점차 소외되고, 창작 계층이 아래로 이동하는 현실을 보여줄 뿐이다.

 한시가 문인의 기본 소양이라는 사실에는 변함이 없었으며, 일상을 기록하고 관계를 유지하며 지식과 정보를 전달하는 수단이었다는 점도 그대로였다. 그럼에도 미적 성취를 추구하려는 의식은 희박했던 것으로 보이며, 다수의 독자를 기대하기도 어려웠다. 시의 유통이 극히 제한적으로 이루어지고 있었기 때문이다.

  이러한 상황에서 한시 창작을 공적 발화로 보기는 어렵다. 물론 시문의 대부분이 타인과의 교류 속에서 산생된 응수문자라는 사실을 모르지 않는다. 하지만 그것이 전부는 아니다. 차운시次韻詩, 증송시贈送詩, 만시挽詩 등 발화 대상이 특정된 양식을 제외한 대부분의 한시 창작은 어디까지나 자족적인 기록 행위였다.

  언뜻 보기에 시는 조선 왕조가 막을 내릴 때까지 여전히 호황을 누린 것처럼 보인다. 작가층은 갈수록 넓어지고, 작품 수는 폭발적으로 증가했다. 하지만 그것은 시가 지식인 사회의 핵심 담론에서 소외되고, 위상이 갈수록 하락하는 현실을 보여줄 뿐이다. 시는 더 이상 성정을 도야하는 수단도 아니고, 출세의 지름길도 아니고, 나라를 빛내는 문학도 아니었다. 시를 자신의 사명으로 여긴 이들이 여전히 존재했지만, 이들은 시를 현실과 거리가 먼 하나의 예술로 간주했다. 그밖의 사람들은 시에 큰 의미를 부여하지 않았다. 한가할 때 혼자서 끄적이거나, 여러 사람이 모여 즐기는 놀이에 불과했다. 한시는 명실상부한 '여가의 기술'로 자리잡았다.

2

한시의 창작과 유통

옛사람의 생애와 한시

옛사람의 일생은 시로 시작해서 시로 끝난다. 아이가 태어나면 아버지는 기뻐서 시를 짓는다. 아들이나 손자만 바랐을 것 같지만 그렇지 않다. 딸과 손녀를 얻고 기쁜 마음을 표현한 시가 많다. 아이는 자라면서 한시를 배운다. 보통은 아버지가 가르쳐준다. 아버지가 시구를 하나 지으면 대구를 짓는 방식으로 배우곤 한다. 아이가 신동인지 아닌지는 시 짓는 걸 보면 알 수 있다. 가족끼리 시를 주고받는 경우가 많다.

연애라도 하게 되면 시를 짓는다. 상대가 그만한 교양을 갖추어야 하는데, 조선시대 사대부 집안의 여성들은 대부분 시를 읽고 지을 줄 알았던 것 같다. 우리나라 소설의 애정씬은 남녀가 시를 주고받는 장면으로 시작하곤 한다. 시를 통해 서로의 마음을 확인하는 것이다. 부부가 평생 시를 주고받은 사례도 있다.

놀기만 할 수는 없다. 과거 시험 공부를 해야 한다. 시 역시 출제 과목의 하나이니, 공부하지 않을 수 없다. 과거에 합격해서 관직에 오르면 시 지을 일이 더욱 많아진다. 월과月課라고 하는 시 짓기 숙제를 매달 제출해야 하고, 주고받을 사람도 늘어난다. 동료, 선후배들과 어울리려면 시를 지어야 한다. 임금님이 시를 지으면 따라서 지어 바쳐야 한다. 잘 지으면 상도 준다.

관직을 옮기면 동료들을 만나고 헤어지면서 시를 짓는다. 숙직하는 날이면 TV도 없으니 시를 지으며 시간을 때운다. 출장을 가거나 지방관이 되어 먼 길을 떠나면 다니는 내내 시를 짓는다. 거기서 만나는 사람들과도 시를 주고받는다. 잘못을 저질러 쫓겨나거나 귀양 가더라도 시를 짓는다. 시가 아니면 억울하고 답답한 심정을 달랠 길이 없다. 그래서 유배지에서 좋은 시가 많이 나온다. 유배지에서는 백성들의 풍속을 자세히 볼 수 있으니, 그들의 삶과 밀착된 시도

그림 9
전 김홍도필 담와 홍계희 평생도, 국립중앙박물관 소장

많이 짓게 된다.

　시 말고도 즐길 것은 많다. 그림도 있고 음악도 있다. 하지만 이 역시 시와 떼어놓을 수 없다. 누가 그림을 가져오면 그림 귀퉁이에 시를 써준다. 음악을 들으면 노랫말을 시로 옮긴다. 책을 읽으면 소감을 시로 쓴다. 경치 좋은 곳으로 놀러가도 시를 짓는다. 누가누가 빨리 짓는지, 잘 짓는지 겨룬다.

　일상생활의 모든 것도 시의 소재가 된다. 먹는 음식을 소재로 시를 짓는다. 덕택에 조선 시대 사람들이 뭘 먹었는지 알 수 있다. 해

홍계희洪啓禧(1703~1771) 평생의 주요 사건을 묘사한 그림이다.

가 뜨면 시를 짓고 해가 지면 시를 짓는다. 자연현상도 다 시의 소재가 된다. 새 한 마리 꽃 한 송이 지나치지 않고 시를 짓는다.

유배지에서 사약을 마시는 일 없이 무사히 돌아오면 나이 먹고 벼슬에서 은퇴한다. 은퇴하면 남는 시간에 시를 짓는다. 이렇게 살다보면 어느덧 죽을 때가 된다. 친구들 하나둘 죽으면 애도하는 시를 짓는다. 만시挽詩라고 한다. 사실인지 모르겠지만 사람은 죽을 때가 되면 심상치 않은 예감이 찾아온다고 한다. 그래서 마지막으로 하나 쓰고 세상을 떠난다. 절필시絶筆詩라고 한다. 이처럼 시는 인생의 모든 순간을 함께한다.

한시, 일상의 기록

우리는 일상생활에서 많은 생각을 하고, 많은 감정을 느낀다. 그 생각과 감정은 시간이 지나면 잊혀진다. 일상에서 떠오른 생각과 느끼는 감정은 사소한 것이지만, 소중한 것이기도 하다. 어찌보면 사람은 그런 생각과 감정 때문에 사는 것이다. 그리고 그 생각과 감정을 되새기며 기뻐하고, 때로는 슬퍼하고, 그리고 행복해 하고 또 자신을 반성하며 성숙해진다.

어떤 사람들은 일기를 쓰면서 생각과 감정을 정리한다. 만약 꾸준히 일기를 쓰면서 과거를 추억하고 반성하고 위안을 받았다면 그 사람은 지난 인생을 소중히 생각하고, 또 앞으로의 인생을 살아가는데 큰 힘이 될 것이다. 요즘은 SNS에 글을 쓰거나 사진을 올린다. 나를 위해서 쓰는 경우도 있지만 보여주기 위한 목적도 있다. 매일까지는 아니더라도 중요한 경험을 겪을 때마다 그때의 생각과 감정을 글을 써서 정리한다면, 인생은 달라지지 않을까? 이 사람들에게는 한시가 그런 것이었다.

덕택에 우리는 옛사람의 한시를 읽으면서 그때 그 사람이 어떤 경험을 했는지, 그리고 그 경험에서 어떤 생각을 하고 어떤 감정을 느꼈는지 알 수 있다. 온갖 경험을 한시로 표현했기 때문에 과거의 삶, 우리의 역사와 문화를 한시를 통해서 알 수 있는 것이다. 작게는 일상의 소소한 경험부터 크게는 국가적인 사건에 이르기까지 모든 것이 한시에 들어있다.

한시는 원래 문학작품이라기보다는 일기에 가깝다. 하루하루의 사건과 감정을 기록하는 수단이었다. 요즘 SNS, 블로그, Vlog처럼 일상을 기록하는 수단이다. 한시는 고도로 다듬어진 문학작품이기도 하지만, 일상을 기록하는 수단이기도 하다.

이렇게 평생 지은 시가 몇 편쯤 될까. 한 사람이 수천 수 넘게 짓는 것 같다. 이 중에 후세에 전하는 것은 일부에 불과한데도, 웬만큼 유명한 사람은 수백에서 천 수 정도 남아 있다. 많이 지은 사람은 몇 만 수를 지었다는 기록도 있다.

〈동명왕편〉으로 유명한 고려시대 이규보李奎報의 문집 『동국이상국집東國李相國集』은 53권 중 27권이 시다. 고려 말의 문인 이색李穡의 『목은집牧隱集』은 55권 중 35권이 시다. 시가 문집의 절반 이상을 차지하는 현상은 조선 초기에도 이어진다. 『동문선東文選』을 편찬한 서거정徐居正의 『사가집四佳集』은 36권 중 25권이 시다. 사림의 대표 김종직金宗直의 『점필재집佔畢齋集』은 27권 중 23권이 시다. 시대의 반항아였던 김시습金時習의 『매월당집梅月堂集』은 23권 중 15권이 시다.

이것도 평생 지은 것의 일부에 불과하다. 2, 3만 편씩 지었다는 사람이 드물지 않다. 3만 편이면 하루에 한 편씩 지어도 100년 지어야 된다. 그러니까 한시는 정교하게 다듬은 깊은 의미를 담은 문학작품이라기보다는 일상의 기록으로 보아야 한다.

요컨대 1차 기록물은 공문을 비롯한 공적 자료, 일기 등의 사적 기록, 시, 산문 등이 혼재되어 있었을 것이다. 한시는 일상적 기록의 일부였으며, 이 점은 관료 문인 뿐만 아니라 한시 창작에 남달리

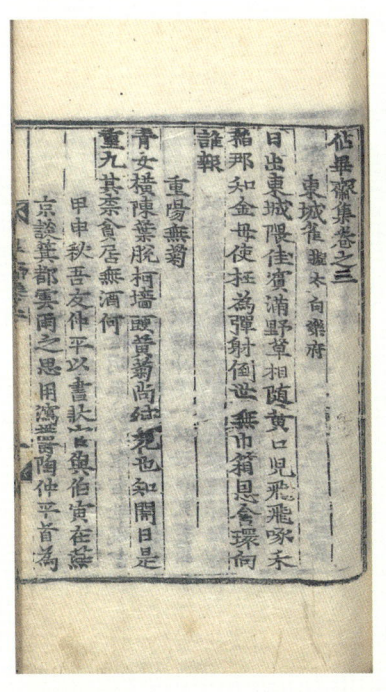

그림 10

『점필재집佔畢齋集』,
한국국학진흥원 소장, 안동권씨 평재주손가 기탁

김종직金宗直의 문집이다. 조선 성리학의 시조이자 사림의 종주였지만 그의 문집은 27권 중 23권이 시다.

집착하여 '시인'으로 일컬어진 이들도 마찬가지다. 평생 3만 수의 시를 지었다는 이병연李秉淵, 일기를 쓰다시피 지은 4천여 수의 시를 남긴 유경종柳慶宗, 평생을 시와 함께 하여 5천여 수를 남긴 신위申緯 같은 이들에게 시는 일상의 기록이 아니고는 달리 의미를 부여하기 어렵다. 따라서 시를 통해 작자가 어떤 경험을 하고 어떻게 생각하며 느꼈는지를 알 수 있다.

문집에 수록된 시는 저자가 평생 지은 수많은 시의 극히 일부에 불과하다. 상황에 따라 하루 수십 편도 넘게 짓는 시를 작가가 심혈을 기울여 창작한 문예물로 볼 수 있을까. 미적 고려가 전혀 없지는 않았겠지만 그것이 주라고 볼 수는 없다. 작자가 한시에서 말하고자 하는 바를 이해하기 위해서도 한시의 형식과 미적 특질에 대한 이해는 필요하다. 하지만 그 자체가 목적이 되어서는 곤란하다. 한시를 문예물이 아닌 기록물로 보는 발상의 전환이 필요하다.

한시, 자기선전의 수단

앞서 한시가 문학작품이면서 일상의 기록이라고 했다. 조선시대 사람들이 한시를 열심히 지은 이유가 하나 더 있다. 한시가 자기선전의 수단이었기 때문이다.

중국 연구자 마오샤오원毛曉雯이 지은 『당나라 뒷골목을 읊다』라는 책을 보면, 당나라 사람들이 어떻게 한시를 자기선전 수단으로 사용했는지 자세하다. 한시를 짓는 사람은 지식인이다. 당시 지식인은 혼자서 할 수 있는 일이 없다. 반드시 누군가의 선택을 받아야 한다. 구직자가 회사의 선택을 받아야 하고, 창업자가 투자자의 선택을 받아야 하는 것처럼, 지식인은 권력자의 선택을 받아야 하는 존재였다.

이 점은 당나라 사람이나 조선 사람이나 마찬가지다. 자기가 뛰어난 지식인이며, 남과 다르다는 점을 어필해야 한다. 그래야 권력자의 선택을 받아 한 자리 차지하고 포부를 실천할 수 있다. 무엇으로 선택을 받는가. 다름아닌 시다.

시를 잘 짓는다는 것은 문학적 능력이 있다는 것이고, 문학적 능력이 있다는 것은 글만 잘 다듬어서는 안 된다. 다방면에 지식이 있어야 한다. 정치, 역사, 사회, 문화 다 알아야 한다. 그 지식을 압축적으로 표현하는 방법이 시다.

그래서 당나라 사람들은 자기 시를 사람들 잘 보이는 곳에 걸어 놓았다. 사람들 많이 다니는 길거리에도 걸고, 누각이나 정자에도 걸고, 시 짓는 모임에 나가서 솜씨를 자랑했다. 한가해서 그런 게 아니라 구직 활동이다. 지나가던 사람들이 잘 지은 건 칭찬하고, 입에서 입으로 전한다. 못 지은 시는 혹평하거나 떼어버린다. 자연히 여론이 형성된다. 그러면 권력자의 눈길을 끌 수 있다.

좀 더 적극적인 사람은 자기 시를 병풍으로 만들거나 그림 병풍에 자기 시를 써서 권력자한테 선물했다. 권력자가 병풍을 펼쳐놓고 있으면 손님들이 보고 평가할 것이다. 좋은 평가를 받으면 등용되는 기회를 얻는다.

어떤 사람들은 자기 시를 원고로 만들어서 권력자를 찾아가서 보여주었다. 당시 사회에서는 보편적인 풍습이었다. 권력자는 인재를 등용할 의무가 있다. 찾아오는 지식인을 거절할 수 없다. 그러니 권력자의 집 앞에는 찾아오는 사람이 문전성시를 이룬다. 조선시대에도 마찬가지였고 지금도 마찬가지다.

당나라 때도 조선시대에도 과거 시험이 있었지만 그게 전부가 아니다. 과거 시험에 합격한다고 자동적으로 벼슬이 나오는 게 아니다. 한참 동안 대기발령 상태다. 과거 시험은 고시와 다르다. 이력

서에 한 줄 채워넣는 것 뿐이다. 대학 입학과 비슷하다고 보아야 한다. 좋은 대학 들어왔다고 저절로 취직이 되는 것은 아니기 때문이다. 명문 선집 『고문진보古文眞寶』에도 지식인들이 자기 존재를 어필하려고 지은 글이 많다. 과거 합격하고도 일자리를 얻지 못해서 지은 글이다.

처음에는 시 짓는 능력만으로 차별화가 가능했다. 시를 지을 정도의 문학적 소양을 갖춘 사람이 별로 없었기 때문이다. 사람들 눈길을 끌만큼 잘 짓는 사람은 더욱 없다. 사대부 계층이 아닌데 시를 짓는다면 신기한 일이다. 여자가 시를 지어도 신기한 일이다.

시간이 흐르면서 조선 후기에 오면, 시를 지을 줄 아는 사람이 대폭 늘어난다. 교육 기회의 확대, 출판 문화의 발달에 힘입은 결과다. 심지어 노비까지 시를 지었다. 시로는 자기선전이 어려워지는 시대가 도래한다. 갑오경장 이후로는 과거 시험도 폐지된다. 결국 근대에 와서는 연설, 기고, 출판 등으로 지식인의 자기선전 수단이 바뀐다. 그러나 여전히 과거의 향수에 젖은 사람들은 시를 지을 줄 알아야 행세할 수 있다고 여겼다. 근대에 와서도 여전히 한시 창작이 성행하고, 신문 잡지에 한시 투고란이 마련된 이유다.

입에서 입으로 전해진 한시

문학작품은 책의 형태로 유통되었을 것이라고 생각하기 쉽지만, 조선시대의 상황에서는 불가능에 가까웠다. 문집은 저자 사후 한두 세대가 지나야 비로소 간행되었고, 어렵사리 간행된 문집의 부수조차 친족과 문인만 겨우 열람할 정도의 소량이었다. 문집 외에 시선집 등의 문헌을 통한 유통 가능성도 고려할 수 있겠지만, 현전하는 문헌의 40%가 문집이라는 점을 감안하면 문집 외의 유통은 그리 활발하지 못했다고 보는 것이 타당하다.

현재 『청구풍아靑丘風雅』, 『국조시산國朝詩刪』, 『기아箕雅』 등의 조선 시선집은 간본과 사본을 합쳐도 전국에 각 30여 종 정도 밖에 남아있지 않다. 수백 년의 세월이 지났다는 점을 고려하면 적지 않은 수량이지만, 이 정도 수량으로는 활발한 유통을 입증하기 어렵다. 이 시선집들의 간행 부수 역시 문집과 크게 다르지 않았을 것으로 추정된다. 대다수의 문인들에게 조선 시선집은 구해보기 어려운 문헌이었다. 수록 작가들의 문집을 직접 구하는 것에 비하면 사정이 조금 나을지 모르겠지만, 한시가 시선집으로 유통되는 것도 크게 기대하기 어려운 실정이었던 것이 분명하다.

조선시대 한시의 유통 방식은 시화에서 확인할 수 있다. 시화의 저자는 많은 시를 열람했을 것이 분명하므로 그가 어떠한 방식으로 한시를 입수했는지 확인할 필요가 있다. 시화의 저자는 문집과 시선집을 비롯한 여러 문헌을 열람했지만, 문헌만이 한시를 입수하는 유일한 방법은 아니었다.

저의 집안은 문학으로 세상에 이름났습니다. 저는 말을 하기 시작한 때부터 집안의 가르침을 주워모아 5, 7언 고시, 근체시, 절구 짓기를 배웠습니다. 한위 이하 당, 송, 명의 여러 시인 수천 명을 널리 보면서도 싫증내지 않았습니다. 얼마 후 또 우리나라 시를 탐닉하여 멀리 신라와 고려부터 가까이는 당세에 이르렀으니, 제가 시를 부지런히 했다고 하겠습니다.

그러고도 부족하게 여겨 마침내 서울에 갔더니, 서울에서 시에 능한 사람이 한둘이 아니었습니다. 문집 전체를 보기도 하고, 친구가 전하는 말을 통해 대략 그 어구를 들었습니다. 저와 교유한 사람은 제가 좋아하는 것이 여기에 있다는 사실을 알고서 들은 것이 있으면 저를 위해 외어주었습니다. 이때부터 듣지 못하던 것을 더욱 듣고서, '아무개의 시는 고원하고 아무개의 시는 기이하며 아무개의 시는 한적하고 아무개의 시는 농염하고 아무개의 시는 화려하다.'라고 여기며 각기 그 체재의 요점을 터득했습니다. 마치 아름답고 추한 모습이 거울을 피하지 못하고 가볍고 무거운 것이 저울에서 숨길 수 없는 것과 같았으니, 세상에서 시에 능하다는 사람은 전부 알았습니다.

『창해시안滄海詩眼』의 저자 이경유李敬儒의 기록이다. 시학에 입문하여 탐닉하게 된 과정을 밝혔다. 시학의 입문은 중국 시였다. 중국 역대 시를 두루 읽었다고 밝혔는데, 그가 가장 열정적으로 탐독한 책은 당나라 시를 엮은 『당시품휘唐詩品彙』였다. 줄줄 외울 정도였다고 하는데, 실제로 『창해시안』의 상당 부분은 『당시품휘』에서 인용한 것이다.

이경유는 우리나라 시에도 관심을 기울였다. 남인 선배들의 문집은 물론, 김창협의 『농암집農巖集』을 비롯하여 다른 당파의 문집도 제법 널리 읽었다. 조선 시선집으로는 『기아』를 열독했다.

이경유는 문헌으로 한시를 접하는 데서 만족하지 않았다. 그는 서울에 가서 안목을 넓혔다. "문집 전체를 보았다"는 언급은 아마 서울에서 만난 사람들을 통해 문집을 얻어보았다는 뜻이리라. 쉽게

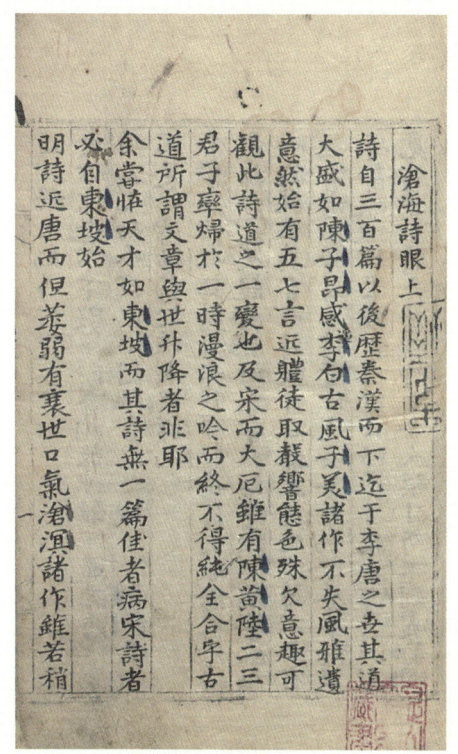

그림 11
『창해시안滄海詩眼』,
한국국학진흥원 소장, 연안이씨 식산종가 기탁

경북 상주의 문인 이경유李敬儒가
편찬한 시화집이다.

얻을 수 있는 기회는 아니었을 것이며, 기껏해야 빌려 보고 일부를 필사하는 수준에 머물렀을 것이다. 주목할 것은 '전해 들었다'는 부분이다. "친구가 전하는 말", 그리고 이경유와 교유한 사람들이 그를 위해 "외어주었다"는 언급에서 한시가 구전으로 유통되고 있었다는 사실을 확인할 수 있다.

이경유는 식산息山 이만부李萬敷의 증손으로, 상당한 장서를 보유하고 있었다. 여러 선배들의 문집과 중국 및 조선의 시선집을 열람 가능한 혜택받은 인물이었다. 그조차 구전에 의지하여 당대의 한시를 입수했다는 사실은 당시 한시 유통의 실상을 짐작케 한다. 이처럼 갑의 시를 을에게 전해들었다는 식의 언급은 『창해시안』뿐만 아니라 어느 시화서에서나 쉽게 찾아볼 수 있다.

시화서가 아니라도 뛰어난 시가 입에서 입으로 전해졌다는 기록은 흔히 발견할 수 있다. 사람들의 입으로 전해지던 시를 문집에 수록했다는 기록은 자주 보이며, 어떤 시인이 인기를 누렸다는 사실을 설명할 때도 "사람들이 그의 시를 외웠다."라는 표현이 흔히 쓰인다. 시집이 불티나게 팔렸다는 식의 표현은 찾을래야 찾을 수가 없다. 중국처럼 어떤 작가의 문학작품이 큰 인기를 얻어 장안의 지가를 높이는 일은 기대하기 어려운 여건이었다. 문헌 유통이 극히 제한된 당시의 여건을 고려하면 문헌보다는 구전 유통의 비중이 높았을 것으로 보인다.

한시가 구전으로 유통되는 과정에서 또 한 가지 주목할 것은 유통의 단위다. 시화에 인용된 한시는 전편全篇이 인용되는 경우도 있지만 연聯 단위, 즉 가구佳句 위주로 인용되는 경우가 더 많다. 기실 한시를 구전으로 전달한다면 전편을 전달하기보다는 핵심적인 가

구만 전달하는 것이 여러모로 편리하다. 시가 가구 위주로 전파되었다면, 한시의 구조적 분석이 얼마나 설득력이 있을지 의문이다.

한시 비평을 얼마나 신뢰할 수 있을지도 의문이다. 문집을 열람한 후대인의 비평이라면 모르거니와, 동시대 사람들이 어떤 작가의 한시를 문헌으로 접하는 길이라고는 작가의 필사본 시고詩稿를 직접 열람하는 방법 뿐이다. 그밖의 문헌 유통은 생각할 길이 없다. 당대 유행한 시를 모은 필사본 선집도 드문 편이다. 따라서 독자는 친족 및 교유 범위 내의 일부에 불과했을 것이며, 한시 비평은 이들의 주관적인 평가에 가깝다. 시명詩名이라는 것도 구전으로 전해진 몇 수에 바탕한 피상적인 평가에 불과했을 가능성이 높다. 구두로 전승되는 과정에서 남의 시를 자기 시인양 전파하는 경우도 있었을 것이고, 의도치 않게 작자가 바뀌거나 자구字句가 달라지는 경우도 빈번했을 것이다. 한시 연구는 이와 같은 구전 유통의 실상을 고려할 필요가 있다.

한시의 문헌 정착 과정

한시의 문헌 유통이 불가능에 가까웠다면 한시의 작자는 자신의 작품이 당대에 널리 회자되기를 기대하기 어려웠을 것이다. 문집의 간행 부수가 소량에 불과하고, 저자 사후 한두 세대가 지나서야 비로소 간행된다면, 훗날 많은 독자가 자기 문집에 수록된 한시를 읽을 것이라 기대하기도 어려웠을 것이다. 그렇다면 당시 사람들에게 한시의 의미는 무엇이었을까. 그 해답 역시 문헌에 있다고 본다.

가장家藏 문헌을 조사해보면 어느 가문이나 간본刊本은 일부에 불과하다. 그나마 일제강점기에 간행된 신연활자본과 19~20세기에 간행된 중국본이 절대 다수를 차지한다. 조선 간본은 비교적 드문 편이며, 그나마 경전 및 사서 등의 기본서가 대부분이다. 문집도 어지간한 집안이 아니면 선조의 문집을 크게 벗어나지 않는다. 조선시대 문헌의 주류는 여전히 필사본이었다.

그림 12
「계단시축溪壇詩軸」, 한국국학진흥원 소장, 전주류씨 백졸암종택 기탁

한시 관련 필사본으로 한정하면, 가장 많은 것은 과체시 선집이다. 그나마 높은 평가를 받은 과시를 모은 본격적인 과시 선집이 아니라 자신의 습작을 모은 것이 대부분이다. 어느 가문 소장 문헌이나 이것이 가장 많은 비중을 차지한다. 다음은 두시杜詩, 당시唐詩 따위의 중국 시 필사본이다. 이 역시 기초적인 작시 학습 및 과시 학습을 위한 것으로 추정된다. 반면 조선 시선집은 간본과 사본을 막론하고 발견되는 경우가 극히 드물다. 조선시대 문인들이 조선 시선집보다 중국 시선집, 특히 당시 선집을 선호했다는 점은 분명하다.

문서 형태의 한시 관련 문헌으로 흔히 발견되는 것은 시축詩軸이다. 대개 여러 사람이 한 자리에 모여서 주고받은 수창시를 모은 것으로, 시사詩社를 비롯한 각종 모임에서 지은 것이다. 참여한 인원수대로 필사해서 각자 소장했을 것으로 보인다. 한 장에 그치지 않고 몇 장씩 이어지는 것도 있지만, 책으로 보기는 무리다. 서첩書帖으로 간주하여 문서로 분류하는 것이 타당하다. 연행 등을 위해

여러 사람이 한 자리에서 지은 시를 이어서 적었다.

먼 길을 떠나는 이를 전송하는 '증별시장' 따위 역시 비슷한 성격의 문헌이다. 다만 이러한 문헌은 애당초 유통을 위해 제작한 것이 아니다. 마치 기념사진처럼 때때로 펼쳐보며 회상하기 위한 용도다. 시의 내용이나 미감보다는 주고받는 행위 자체에 의미를 두었다.

시고詩稿 형태의 문헌은 자주 발견되는 편이다. 물론 시고 역시 집안 사람의 것이 대부분이다. 자신의 시를 시고로 정리했다는 기록은 흔한 편이며, 웃사람을 만나는 자리에서 시고를 꺼내보였다는 기록 역시 어렵지 않게 찾을 수 있다. 시인은 주변 사람들에게 자신의 시고를 보여주며 평가를 받곤 했다. 문단에서 높은 위상을 차지하는 인물들에게 시고를 보여주고 칭찬을 받았다는 등의 기록은 흔히 보인다. 그러나 대개의 시고는 유일본이며, 열람한 사람도 소수에 그쳤을 것이며, 열람을 마치면 곧 회수했을 것이다. 감상을 목적으로 저명한 시인의 시고를 필사한 사례는 좀처럼 보이지 않는다.

시고는 저자의 시문 가운데 시만 따로 정리한 것인데, 처음부터 시고의 형태는 아니었을 것으로 보인다. 낱장의 문서, 일기, 그밖의 각종 기록에 흩어져 있는 시를 한데 모아 만든 것이다. 시고의 형성 과정을 보여주는 문헌은 일기다. 일기는 날짜별로 사건을 기록한 글이다. 그 사이에 공무와 관련하여 주고받은 공문서, 자기가 지은 글도 실려 있다. 물론 시도 포함된다. 필자는 이것이 시고詩稿의 원형을 보여준다고 본다. 문집에 수록되는 것은 평소 남긴 방대한 기록의 일부에 불과하다.

연행록을 비롯한 각종 기행문, 수많은 일기류 문헌은 시와 산문이 혼재된 형식이다. 시와 산문은 문집에 수록될 때 비로소 분리된다. 일기에 한시를 첨부하는 사례는 흔한 편이다. 이때 시는 기록 당시의 소회를 밝히거나, 사건의 핵심을 요약하거나, 또는 큰 의미를 두지 않고 지은 것이다.

한시의 독자

개국 초부터 어렵사리 구축한 국가 출판 시스템은 임병양란을 거치면서 무너졌다. 전란 이후 훈련도감 및 지방 관아를 중심으로 복구를 시도했으나 성공적이었다고 말하기 어렵다. 출판의 중심은 차츰 민간으로 이동했다. 책계冊契와 방각坊刻 등이 출판의 주체로 부상했다. 책계는 책을 만들거나 구입하기 위해 여러 사람이 조직한 모임이다. 오늘날의 협동조합이나 클라우드 펀딩과 비슷하다. 방각은 상업적 목적의 민간 출판이다.

민간 출판은 수요가 높은 과거 시험 관련 서적 및 실용서에 치중했다. 민간에서 간행된 문집이 없지 않으나, 이 역시 광범위하게 유통된 것으로 보이지는 않는다. 한시 관련 방각본은 한시를 짓기 위한 운서와 유서, 그리고 당시 선집이 고작이었다.

그간 한문학 분야의 서적 유통에 관한 연구는 중국서에 치우쳤다. 국내서의 유통에 관한 연구는 찾아보기 어렵다. 선행연구에서는 중국서가 광범위하게 유통된 것처럼 말하지만, 실제로는 일부 계층에서 폐쇄적으로 유통되었다고 보는 것이 온당하다. 국내서 역시 마찬가지다. 기초 서적을 제외한 간본의 유통은 극히 제한적이었던 것으로 보인다. 특히 문집은 간행 부수로 볼 때 유통이라고 말하기조차 민망한 수준이다. 이러한 상황에서 자신이 창작한 시문이 사회적 담론을 만들어내리라고 기대하기는 어려웠을 것이다. 그럼에도 꾸역꾸역 시문을 지어 기록으로 남긴 이유는 무엇일까.

전근대의 문학을 근대적 문학 개념에 국한할 수 없으며, 전근대의 출판 환경은 근대적 출판 환경과 달랐다. 이와 마찬가지로 전근대의 작가 의식을 근대적 작가 의식과 동일시하는 것도 곤란하다. 현대의 작가가 작품을 창작하며 무엇보다 바라는 것은 가급적 많은 독자가 읽어주는 것이다. 자신의 작품을 읽어주는 많은 독자가 있다면 평론가의 혹평 따위 개의치 않는다. 많은 독자의 존재는 지속적인 창작 활동을 가능케 하는 필수 조건이기도 하다.

과거의 작가가 바란 것은 많은 독자가 아니었다. 많은 사람이 자신의 글을 읽어주기를 바란 사람이 없지는 않겠지만, 신분제 사회에서 제아무리 많은 독자가 읽는다 해도 어차피 한정된 지식인 계층의 범주를 벗어나지 못한다. 창작 활동의 지속 역시 독자의 수와 아무런 관계가 없다. 따라서 그들은 자신의 시문이 불특정 다수에게 읽힐 가능성은 염두에 두지 않았던 듯하다. 문집은 판매용도 아니고 배포용도 아니다. 보관용이다. 많은 부수를 찍을 이유가 없다.

문집의 저자가 바란 것은 단 한 사람의 독자였다. 작품을 통해 자신을 이해해 주고 거기에 담긴 자신의 이상을 대신 실현해 줄 누군가였다. 조선 문인의 시문은 당대가 아니라 후대를 향한 발화였으며, 한시 역시 당대의 독자를 기대하는 문예물이라기보다는 후대에 전하기 위한 기록물로서의 성격이 강하다고 보는 것이 타당하다.

3

한시와 놀이

한시 놀이의 기원

1974년, 경주 월지에서 주사위 하나가 발굴되었다. 무려 14면체 주사위다. 표면에 적힌 글자를 해독해보니, 다음과 같았다.

금성작무禁聲作舞: 소리 없이 춤추기
중인타비衆人打鼻: 여러 사람이 코 때리기
음진대소飮盡大笑: 다 마시고 큰소리로 웃기
삼잔일거三盞一去: 석 잔 한 번에 마시기
유범공과有犯空過: 덤벼도 가만 있기
자창자음自唱自飮: 혼자 노래하고 혼자 마시기
곡비즉진曲臂則盡: 팔 굽혀 다 마시기
농면공과弄面孔過: 얼굴에 장난해도 가만 있기
임의청가任意請歌: 마음대로 노래 시키기
월경일곡月鏡一曲: 월경(노래제목) 한 곡조 부르기
공영시과空詠詩過: 시 읊기
양잔즉방兩盞則放: 술 두 잔이면 쏟아버리기
추물막방醜物莫放: 더러운 물건 버리지 않기
자창괴래만自唱怪來晩: 괴래만(도깨비 흉내) 부르기

그림 13
주령구 모형, 국립민속박물관 소장
'공영시과'라는 벌칙이 적혀 있다.

이상 열네 가지는 누가 봐도 놀이의 벌칙이다. 주령구는 8세기 이전 통일신라시대의 유물로 추정되는데, 신라 사람들은 이 주사위를 굴리며 놀았을 것이다. 술과 관련된 것이 많으므로 술 게임의 도구로 추정된다. 이 주사위는 술자리의 명령을 내리는 도구라는 뜻에서 '주령구酒令具'라고 명명했다.

여기서 눈여겨보아야 할 것은 '공영시과空詠詩過'이다. 글자그대로 해석하면 '하릴없이 시를 읊는다.'이다. 우리나라 사람들이 제대로 시를 짓기 시작한 시기가 통일신라 시대이다. 다만 최치원은 9세기 인물이고, 주령구를 가지고 놀았던 시기의 사람들은 그 정도로 시를 잘 지을 능력은 없었을 것으로 보인다.

경학과 문학을 시험하여 관리를 뽑는 독서삼품과讀書三品科를 시행한 시기가 788년이다. 독서삼품과의 과목에는 중국의 시문선집

『문선文選』도 포함되었으므로 신라 사람들은 이 무렵부터 한시를 본격적으로 배웠을 것이다. 하지만 배우는 것과 직접 짓는 것은 다르다. 국왕이 신하들에게 시를 짓게 하였다는 기록도 헌강왕 9년(883)에 처음 보인다. 따라서 주령구를 가지고 놀던 사람들의 수준은 고작해야 중국 명시를 암송하는 정도였을 것이다. 주령구에서 시를 '짓는다作' 하지 않고 '읊는다詠'라고 한 것도 주의해야 한다.

한시를 처음 배우는 사람에게는 암송하는 것도 쉬운 일이 아니다. 술자리의 벌칙이었다는 점을 고려하면, 난이도가 높은 과제라고 보아야 한다. 만약 시를 제대로 외우지 못하면 벌주를 마셔야 했을 것이다.

아쉽게도 주령구는 지금 남아 있지 않다. 보존처리를 위해 습기를 제거하려다가 태워버렸기 때문이다. 다만 사진을 찍어두었기에 그 모습은 알 수 있다. 주령구는 우리나라 사람이 일찍부터 한시를 놀이의 도구로서 활용하였다는 사실을 알려준다.

〈태평송〉은 한시 놀이인가

한국 한시의 역사는 고조선 여옥의 〈공후인箜篌引〉, 고구려 유리왕의 〈황조가黃鳥歌〉, 가야의 〈구지가龜旨歌〉 등에서 시작한다. 원래는 시가 아니고 노래인데, 『삼국사기三國史記』에 4언체 한시로 기록되었기 때문이다.

조선시대 사람들은 기자箕子의 〈맥수가麥秀歌〉를 한국 한시의 시작으로 보았다. 기자는 중국 은殷나라 사람이지만, 은나라가 멸망한 뒤 조선으로 건너왔으니 그가 지은 시는 우리나라 문학으로 보아야 한다는 논리다. 모두 일리가 있다. 〈맥수가〉는 기자가 주周나라로 가다가 은나라의 폐허를 보고 한탄하며 지었다는 노래다.

본격적인 한국 한시의 시작은 을지문덕乙支文德의 〈수나라 장군 우중문에게 주다〉이다. 오언절구 형식의 이 시는 예스러우면서도 한시의 형식을 모두 갖추고 있다. 그 다음에 등장하는 작품이 신라 진덕여왕의 〈태평송太平頌〉이다. 이 작품에 대한 『삼국사기』의 기록은 다음과 같다.

> 왕이 비단을 짜서 5언 장편 송가를 짓고, 김춘추의 아들 김법민을 보내 당나라 황제에게 바쳤다. 그 내용은 다음과 같다.

大唐開洪業	당나라가 큰 나라 열었으니
巍巍皇猷昌	황제의 계획 위대하도다
止戈戎衣定	전쟁 멈추어 세상 평정하고
修文繼百王	문치를 닦아 역대 임금 계승했네
統天崇雨施	천하를 거느리며 은혜를 숭상하고
理物體含章	만물을 다스리며 자신을 감추네
深仁諧日月	깊은 인덕은 일월과 짝하고
撫運邁時康	국운을 다스려 태평을 이루었네
幡旗何赫赫	깃발은 어찌 그리 찬란하며
鉦皷何鍠鍠	북소리 어찌 그리 웅장한가
外夷違命者	천명 어기는 오랑캐는
剪覆被天殃	하늘의 재앙 입어 제거되었네
淳風疑幽顯	순박한 풍속이 세상에 모이니
遐邇競呈祥	원근에서 다투어 상서를 바치네
四時和玉燭	사계절은 옥촉처럼 조화롭고
七曜巡萬方	일곱 별이 만방을 두루 비추네
維嶽降宰輔	제후만이 재상을 천거하고
維帝任忠良	황제만이 충신을 등용하네
五三成一德	삼황오제의 덕을 하나로 하여

　　　　昭我唐家皇　　　　우리 당나라 빛내리라

　　고종高宗이 가상하게 여겨 김법민을 대부경大府卿에 임명하여 돌려보냈다.

　　진덕여왕이 지은 시라고 했지만 한시에 능숙한 신하가 대신 지었을 가능성이 높다. 진덕여왕 때면 신라 상대上代에 속한다. 겨우 고대 국가로 자리잡은 시기다. 이 시기에 위와 같이 흠잡을 데 없는 오언고시 형식의 시를 지었다는 것은 신라 문학의 수준을 잘 보여준다. 여기서 주목할 것은 진덕여왕이 비단을 짜서 이 시를 지었다는 언급이다.
　　비단을 짜는 것과 시를 지은 것이 무슨 상관일까? 비단을 짜고 그 위에 시를 썼다는 뜻일까? 그럴 수도 있다. 황제에게 올리는 글처럼 중요한 글은 비단에 쓰는 경우도 있기 때문이다. 또는 비단에 시를 수놓았다는 뜻으로도 해석 가능하다. 실을 바꾸어 가면서 비단을 짜면 글씨를 수놓는 것도 가능하다. 이 가능성이 무한한 상상을 불러일으켰다.

〈선기도〉, 한시를 이용한 퍼즐게임

우리 동방의 신라 진덕여왕眞德女王이 〈태평송太平頌〉을 지어 비단을 짜서 글을 만들어 당 고종高宗에게 바쳤다. 소혜蘇惠의 〈선기도璿璣圖〉 시를 모방하여 이렇게 한 것이라고도 한다. 직금도織錦圖 시라고도 한다. 규방의 부녀자들이 많이들 언문으로 번역하여 가지고 논다.

이규경의 『오주연문장전산고』에 나오는 말이다. 진덕여왕의 〈태평송〉은 소혜의 〈선기도〉를 모방하여 비단에 글씨를 수놓은 것이라고 하였다. 소혜의 〈선기도〉는 무엇일까. 중국 역사책 『진서晉書』에 다음과 같은 내용이 있다.

두도竇滔의 아내 소씨蘇氏는 시평始平 사람으로 이름은 혜惠, 자는 약란若蘭이다. 글을 잘 지었다. 두도가 부견苻堅 때 진주자사秦州刺史가 되었다가 유사流沙로 유배되었다. 소씨가 그리워하여 비단을 짜서 글을 돌려가며 읽는 시를 만들어 두도에게 보냈다. 빙글빙글 돌리면서 읽으면 말이 몹시 서글프다. 모두 840자이다.

그림 14
직금도織錦圖, 한국국학진흥원 소장, 단양우씨 우의하家 기탁

참조 표시(※)부터 출발하여 화살표를 따라 오른쪽으로 읽는다. 오른쪽 끝에 도달하면 아래로 읽는다. 아래 끝에 도달하면 위로 읽고, 위쪽 끝에 도달하면 왼쪽으로 넘어가 다시 아래로 읽는다. 이렇게 아래 위로 오가기를 네 차례 반복하면 처음으로 돌아온다. 그 다음부터는 반시계 방향으로 작은 네모칸의 글씨를 읽는다.

소혜가 멀리 유배간 남편을 그리워하여 시를 지어 비단에 수놓아 보냈는데 빙글빙글 돌려가며 읽을 수 있게 만들었다는 것이다. 지금 전하는 소혜의 시를 보면 어떻게 읽어야 할지 막막하다. 왼쪽 상단부터 읽어 내려오면 다음과 같은 시가 된다.

君承皇詔按邊戍 그대는 황제의 조서 받고 변방을 지키니
送君遠別河橋路 하교의 길에서 그대를 멀리 전송하네
含悲掩淚贈君言 슬픔 머금고 눈물 감추며 그대에게 말하니
莫忘恩情使長去 멀리 가더라도 은정을 잊지 마소서
何事一去音信斷 무슨 일로 한번 가자 소식 끊겼나
遺妾屛幃春不暖 버려진 저는 장막에서 봄에도 따뜻하지 않네
瓊瑤堵下碧苔生 아름다운 섬돌 아래 푸른 이끼 돋아나고
珊瑚帳裏紅塵滿 산호 휘장 안에 붉은 먼지 가득하네
此時送別每驚魂 이때 송별하니 매번 마음 놀라
將心何處更逢君 어디서 다시 그대를 만나리오
一心願作滄海月 한 마음으로 바다의 달이 되고 싶고
一心願作嶺頭雲 한 마음으로 고개 위의 구름 되고 싶네
嶺雲歲歲逢君面 고개의 구름은 해마다 그대 얼굴 만나고
海月年年昭得遍 바다의 달은 해마다 두루 환히 비추네

飛來飛去到君傍	날아왔다 날아가며 그대 곁에 가서
千里萬里遙相見	천 리 만 리 멀리서 보리라
迢迢路遠關山隔	변방으로 가는 길은 멀기도 하구나
恨君塞外長爲客	한스럽다 그대는 변방의 오랜 나그네 신세
去時送君蘆葉黃	난번 그대 보낼 때 갈대잎 노랬는데
須臾已經梨花白	어느덧 배꽃이 희어졌네
百花散亂逢春早	이른 봄 만나서 온갖 꽃 흩어지는데
春意催人向誰道	봄 생각이 사람 재촉하나 누구에게 말하랴
垂楊滿地爲君攀	수양버들 땅에 가득하니 그대 위해 붙잡고
落花滿開無人掃	떨어진 꽃 가득해도 치우는 사람 없네
庭前春草正芬芬	뜰 앞에 봄풀이 한창 무성한데
抱得秦箏向畵堂	아쟁을 안고서 화려한 방으로 가네
爲君彈得江南曲	그대 위해 강남곡 연주하여
附寄深情到朔方	북방까지 깊은 심정 보내네
朔方迢遞山難越	북방은 멀어서 산을 넘기 어려운데
萬里音書腸斷絶	만 리에서 보낸 편지에 애가 끊어지네
銀粧枕上淚沾衣	은 장식 침상 위에서 옷에 눈물 적시고
金縷羅縫裳皆裂	금실로 짠 비단 치마 전부 찢어졌네
三春鴻雁渡江聲	봄이라 기러기 강 건너며 우는데

此時雙人斷腸情	이때 두 사람의 애 끊는 마음
箏絃未斷腸先斷	아쟁 줄 끊어지기 전에 애가 먼저 끊어지고
怨結先成曲未成	곡조를 이루기 전에 원망을 먼저 이루네
君今憶妾重如山	그대는 지금 저를 생각하느라 산처럼 무겁고
妾亦思君不暫閒	저도 당신 생각에 잠시도 한가롭지 않네요
織將一本獻夫子	비단 한 장 짜서 그대에게 바치니
願放阿夫及早還	바라건대 아부처럼 일찍 돌아오소서

　소혜의 선기도가 선풍적인 인기를 끌자, 이를 모방한 작품이 대거 나타났다. 그 인기는 『오주연문장전산고』가 증언하고 있다. 소혜의 선기도보다 훨씬 복잡한 구조도 있다.

　선기도는 가로 29자, 세로 29자의 방형으로 구성되어 있으며, 중심의 1자가 비어 총 840자이다. 중심을 둘러싼 가로 3자, 세로 3자의 방형이 1방, 1방을 둘러싼 가로 5자, 세로 5자의 방형이 2방, 2방을 둘러싼 가로 15자, 세로 15자의 방형이 3방이다. 3방과 면을 맞대는 4개의 방형(가로 15자, 세로 8자 또는 가로 8자, 세로 15자)이 정正이고, 3방과 모서리를 맞대는 4개의 방형(가로 8자, 세로 8자)이 유維이다. 경經은 3방과 정, 유의 테두리를 둘러싼 1행이다.

　다시 설명하면, 1방은 녹색, 2방은 가운데 노란색, 2방의 바깥 4

정(동서남북)은 네 블럭의 보라색, 2방의 4유는 네 블럭의 노란색이다. 노란색과 보라색이 모인 전체가 3방. 3방의 바깥 4정은 네 블럭의 파란색 부분, 3방의 4유는 네 블럭의 끄트머리 검은색이다. '3방의 경'은 3방 바깥에 둘러진 빨간색 네모, '바깥 4경'은 도형 전체를 감싸는 빨간색이다.

『오주연문장전산고』에 따르면 〈선기도〉를 구성하는 840자로 총 3,752수의 시를 만들 수 있다고 한다. 1방과 2방은 사언시, 2방의 4정은 오언시, 2방의 4유는 사언시, 3방의 4정은 사언시, 3방의 4유는 삼언시, 3방의 경은 칠언시이다. 블럭마다 위에서 아래로, 오른쪽에서 왼쪽으로 읽는 방식이다.

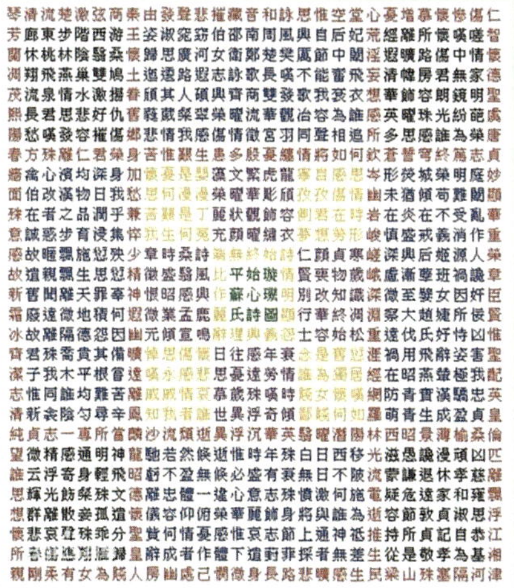

그림 15
선기도旋機圖,
직금도가 복잡하게 발전한 형식이다.

이렇게 복잡한 놀이를 고안한 이유는 무엇일까. 뒤에 말하겠지만 '문제해결'이 놀이의 본질이자 흥미요소이기 때문이다. 문제가 너무 쉬우면 재미가 없고, 너무 어려우면 포기한다. 선기도는 언뜻 보기에 복잡한 것 같지만 규칙을 찾아내기만 하면 의외로 단순하다. 어려워 보이지만 쉽게 풀리는 문제만큼 흥미를 돋우는 것은 없다.

초급자용 한시 놀이 – 초중종

한시를 지으려면 우선 한자를 알아야 한다. 한자가 총 7~8만 자나 된다지만, 전부 다 알 필요는 없다. 일상 생활에서는 그 정도까지는 필요없다. 자기 생각을 표현할 수 있으면 그만이다. 옛날 어린이가 처음 배우는 『천자문』에 나오는 1천 자만 알아도 그럭저럭 한시를 지을 수 있다. 좀더 공부해서 2~3천 자 정도를 알면 한시를 짓는 데 아무런 문제가 없다.

조선시대의 시 학습은 어린 시절부터 시작된다. 『당음唐音』 따위의 시선집을 읽고 외우는 것이 기본이지만, 공부와 놀이를 겸하는 방법도 동원했다. 가장 쉽고 기초적인 놀이가 '초중종初中終'이다.

'초중종'은 이덕무李德懋의 『사소절士小節』에 설명이 보인다. 세 글자를 고르고, 그 글자가 들어 있는 당시唐詩를 제시하는 놀이이다. 『당음』 학습을 마친 수준에서 가능한 놀이다. 특정한 글자가 들어 있는 명시를 상기하는 연습을 거듭하면, 필시 창작에도 도움이 되었을 것이다.

『당음』은 원나라 사람 양사홍楊士弘이 편찬한 책이다. 원래 1300수가 넘는 당나라 시를 수록한 방대한 시집이다. 조선 초기에 우리나라로 들어왔는데, 조선 사람들은 분량이 너무 많다고 여겨 일부

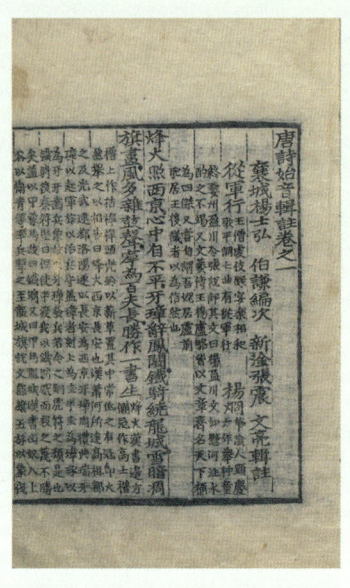

그림 16

『당음唐音』, 한국국학진흥원 소장, 전주류씨 근암고택 기탁

시를 배우는 어린이가 가장 처음 배우는 책이다.

만 뽑아 요약본을 만들었다. 『당음』에 수록된 시에서 오언절구 100여 수만 뽑은 『오언당음五言唐音』, 칠언절구 100여 수만 뽑은 『칠언당음七言唐音』 따위다. 이 책들이 유행하면서 자연스럽게 초보자용 교재로 자리잡았다. 『오언당음』은 시를 처음 배우는 사람의 입문서였다. 다만 어린이의 문학적 소양으로 당나라 시의 풍격을 제대로 감상하기는 무리다. 재미있게 외울 방법을 생각해야 한다. 그 방법이 바로 초중종 놀이다.

초중종은 임의로 세 글자를 고르고, 그 글자가 들어있는 시구를 찾아내는 놀이다. 이를테면 '동서남東西南' 세 글자를 찾기로 했다고 치자. 그러면 다음과 같이 답할 수 있을 것이다.

"둥둥 동쪽으로 흐르는 물[泛泛東流水]"
— 왕발王勃, 〈강가 정자에서 달밤에 송별하다[江亭月夜送別]〉

"서쪽으로 일천 리를 가니[西行一千里]"
— 저광희儲光羲, 〈장안 가는 길[長安道]〉

"남쪽 호수에서 흰 마름풀을 캐네[南湖採白蘋]"
— 이백李白, 〈푸른 물의 노래[綠水曲]〉

정답은 하나가 아니다. 동, 서, 남을 사용한 시구는 이밖에도 많다. 누구의 어떤 시든 상관 없으니 빨리 찾아내는 사람이 이긴다. '동서남' 외에도 여러 가지 문제를 출제할 수 있다. 계절을 나타내는 한자를 모아 '춘추동春秋冬'을 문제로 낸다고 하자.

"동북쪽을 바라보니 봄이 돌아오네[東北望春回]"
— 장열張說, 〈섣달 그믐[守歲]〉

"밤에 앉아 가을 바람 소리 듣네[夜坐聽秋風]"

　　―설직薛稷, 〈가을 아침에 거울을 보다[秋朝覽鏡]〉

"겨울 지나고 또 봄을 맞았네[經冬復歷春]"

　　―송지문宋之問, 〈한강을 건너다[渡漢江]〉

춘추동春秋冬은 모두 시에서 자주 사용되는 글자다. 『오언당음』에 춘春을 사용한 시구는 20개가 넘고, 추秋를 사용한 시구도 10개가 넘는다. 그런데 우연이겠지만 『오언당음』 100여 수 중에서 '동冬'이라는 글자를 사용한 시구는 위에 인용한 송지문의 시구 하나 뿐이다. 찾으려면 시간이 걸릴 것이다.

'백천만百千萬'처럼 숫자를, '백청홍白青紅'처럼 색깔을, '매국죽梅菊竹'처럼 식물을, '마용봉馬龍鳳'처럼 동물을, '조모야朝暮夜'처럼 시간을 나타내는 한자로 출제할 수도 있다. '사고향思故鄕(고향을 생각하다)'처럼 문장 형태로도 출제 가능하다. 어떤 글자는 여러 시구에 쓰이지만, 어떤 글자는 『오언당음』에 수록된 100여 수 가운데 딱 한 번만 나올 수도 있다. 글자의 사용 빈도가 난이도를 결정한다. 문제는 책에서 찾아내는 것이 아니라 머릿속에서 찾아내야 한다는 점이다. 요컨대 『오언당음』에 수록된 100여 수의 시를 전부 외운 뒤에 가능한 놀이다.『오언당음』을 속속들이 외우지 않고서는 초중종 놀이에 낄 수 없다.

오언절구 100여 수라야 500자에 불과하다. 1000자 분량의 『천자문』을 이미 학습한 어린이에게 그 정도 분량은 외우기 어렵지 않았을 것이다.『오언당음』을 술술 외우기 위해 고안한 놀이가 바로 초중종이다.

이덕무는 또다른 놀이로 초방草榜을 소개했다. 좋고 나쁜 시부詩賦를 종이에 써서 통에 넣고, 하나를 뽑는 놀이다. 좋은 시부를 뽑으면 과거에 합격할 징조로 여겼다. 시를 쓰고 읽는 과정에서 자연히 학습 효과가 있었을 것이다.

중급자용 한시 놀이 - 시패

잡기는 자제들이 눈에 접하기 맞지 않다. 늙은이는 혹 바둑이나 상영삼재만변도觴詠三才萬變圖 등으로 여러 연로한 문사들과 회포를 푸는 것은 되지만, 다만 너무 빠져서 뜻을 잃어서는 안 된다. 시운猜韻, 시미猜謎, 시패詩牌, 초중종初中終 등은 문예와 가까우므로 출입하여도 되지만, 일상사로 삼아서는 안 된다.

— 홍길주洪吉周, 『숙수념熟遂念』

'상영삼재만변도'는 명나라 왕세정王世貞의 『상영남승삼재만변지도觴詠攬勝三才萬變之圖』를 말한다. 보드게임의 일종인데, 나중에 설명한다. '시운'과 '시미'는 한자를 이용한 일종의 수수께끼다. '시패'는 이규경李圭景이 『오주연문장전산고五洲衍文長箋散稿』에서 소개한 왕양추王良樞의 『시패보詩牌譜』를 말하는 듯하다. 시 짓는 놀이를 설명한 책이다. 시패 놀이법을 설명한다.

먼저 네모난 나무조각 6백 개를 준비한다. 가로 세로 각 3cm, 두께는 3mm이다. 앞면에는 글자를 새기고, 뒷면은 비워둔다. 평성자平聲字 3백 자는 빨간색으로, 측성자仄聲字 3백 자는 검은색으로 적어넣는다. 도합 6백 자이다.

지금은 학교에서 한자를 배우는 사람이 드무니, 6백 자를 외우는 게 보통 일이 아니겠지만, 옛날에는 어린아이도 이 정도는 알았다. 만약 6백 자를 모두 외우기 어렵다면, '평성 기본 200자'와 '측성 기본 200자'만 외워도 충분히 시를 지을 수 있다. 평성을 놓을 자리와 측성을 놓을 자리는 어차피 정해져 있으니, 이 글자들을 활용하여 말이 되게끔 시를 지으면 되는 것이다.

시패 놀이의 규칙은 『임원경제지』에 자세하다.

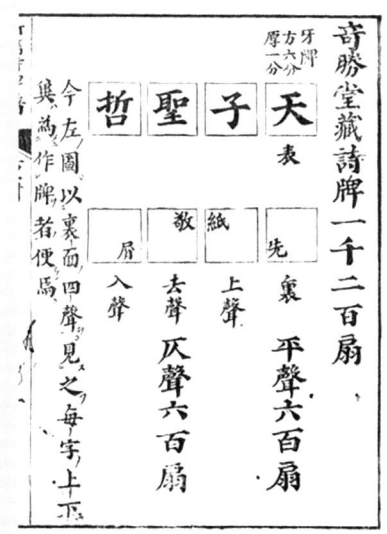

그림 17
『신전시패보新鐫詩牌譜』, 국립중앙도서관 소장
시패 놀이의 규칙을 설명한 책이다.

600자를 모두 활용하면 너무 쉽다. 그러므로 제약을 둔다. 시패 놀이는 여러 사람이 함께 하는 것이다. 네 사람이 150개씩 나누어 가진다. 한 사람을 시백詩伯으로 정하고 춘패椿牌를 준다. 나누어 가진 나무조각 중에 임의로 하나를 골라 획수에 따라 순서를 정한다. 각자 운자와 제목을 정하고 종이에 써서 시백에게 제출한다. 각자 운자와 제목을 정하여 시를 지을 수도 있지만, 주어지는 운자와 제목으로 시를 지을 수도 있다. 시백이 각자가 나누어 가진 글자에서 임의로 뽑은 글자를 운자로 삼는 것이다.

나누어 가진 글자만으로 시를 짓기 어려우므로 글자를 융통성있

그림 18

시패 실물, 국립중앙박물관, 『조선 성리학의 세계』(2003)

붉은 글자는 평성자, 검은 글자는 측성자이다. 평성자와 측성자를 규칙에 따라 배열하여 시를 짓는 놀이이다.

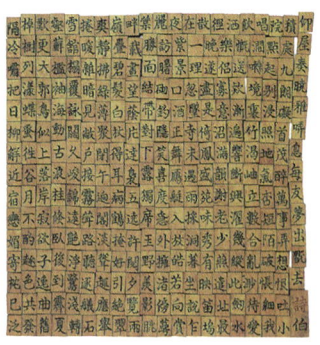 

게 사용할 수 있다. 글자의 음과 형태가 비슷하면 대신 쓸 수 있다. 예컨대 청淸을 넣고 싶은데 가진 글자가 청靑이라면 청淸으로 인정해준다. 금金을 넣고 싶은데 가진 글자가 포鋪라면 이 역시 금金으로 인정해 준다. 화花, 류柳, 풍風, 월月처럼 시에 자주 쓰는 글자는 자유롭게 쓸 수 있도록 미리 정해둔다.

시를 완성하면 참가자들의 합의로 승부를 결정한다. 제목과 내용이 일맥상통하고, 대구對句가 적절하며, 빨리 완성한 시가 제일이다. 승부가 난 뒤에도 놀이는 이어진다. 다른 사람이 가진 글자로 내 시를 고쳐서 더 좋게 만들기도 하고, 상대방의 시를 고쳐주기도 한다. 시를 짓고 남은 조각을 사용하여 또 시를 지을 수도 있다. 놀이 방식은 얼마든지 확장할 수 있다.

이규경은 시패 놀이에 긍정적이었다.

"한가로운 시간을 보내면서도 잡념이 일어나지 않고, 게다가 성정을 도야하고 시학에도 보탬이 되니, 별달리 할 일 없는 젊은이가 집중해서 착수한다면 낮잠 자는 것보다 나을 것이다. 이로 인해 시 짓는 솜씨가 날마다 늘어나고 재주와 식견이 점점 성장할 것이니, 골패骨牌 따위 놀이와 비교하면 천양지차다."

퍼즐게임과 보드게임

시패 놀이는 복잡하다. 어른도 쉽지 않다. 바로 이것이 애들 놀이로 치부할 수 없는 이유다. 놀이는 너무 쉬워도, 너무 어려워도 안 된다. 난이도를 적절히 조절하면 남녀노소를 막론하고 즐길 수 있다.

시를 이용한 퍼즐게임은 유래가 깊다. 선기도璇璣圖가 대표적이다. 중국 남북조시대 두도竇滔의 아내 소혜蘇蕙가 비단에 글자를 수놓아 멀리 있는 남편에게 보냈다. 글자수는 총 840자, 가로, 세로, 대각선, 어느 방향으로 읽어도 시가 된다. 심지어 똑바로 읽어도 거꾸로 읽어도 시가 된다. 이후 수많은 문인들이 시구를 이루는 경우의 수가 얼마나 되는지 연구했다. 많게는 3천 구가 넘는다고 한다. 이후 소혜의 선기도를 모방한 아류작이 대거 출현했다. 당시 사람들은 수수께끼라도 푸는 것처럼 선기도를 이리저리 돌려가며 고민했을 것이다. 이규경은 선기도를 "언문으로 번역하여 감상하는 규방의 부녀자들이 많다."고 하였다. 1867년 편찬된 『규방미담閨房美談』에도 실려 있으니, 교양 있는 여성들의 놀이였다는 사실은 분명하다.

보드게임의 형태도 있다. 남승도覽勝圖, 상영도觴詠圖라고 한다. 남승도는 명승을 유람하는 놀이라는 뜻이고, 상영도는 술 마시고 시 짓는 놀이라는 뜻이다. 놀이 방법은 비슷하다. 종이를 이용하여 적게는 70칸, 많게는 270칸 정도로 구성된 놀이판을 만든다. 각 칸에는 전국 각지의 명승고적 이름을 써넣고, 그곳에 도착하면 해야 할 일도 함께 적어넣는다. 술을 한 잔 마신다든지, 주어진 형식으로 시를 한 수 짓는다든지.

우선 롤플레잉 게임에서 검사, 마법사, 성직자, 도둑 캐릭터를 선택하듯 각자의 역할을 선택한다. 상영도의 캐릭터는 사객詞客(시인), 우사羽士(도사), 검협劍俠(검객), 미인美人(여성) 등이다. 주사위를 던져 말을 옮기는 방식으로 게임을 진행한다. 도착한 칸에서 주어진 과제를 수행하면 점수를 얻고, 수행하지 못하면 점수를 잃는다. 캐릭터에 따라 주어지는 과제가 다르다. 어떤 캐릭터에게는 유리한 곳이 다른 캐릭터에게는 불리할 수 있다. 캐릭터가 다양한 이유는 단조로움을 피하기 위해서다.

배경이 중국인 것도 있고, 유본정柳本正의 『팔선와유도八仙臥遊圖』처럼 국내 명승에 한정한 것도 있다. 심지어 취향醉鄕과 같은 상상의 세계, 그리고 파사波斯, 즉 페르시아처럼 책으로만 전해들은 지역이 포함된 것도 있다. 다양한 상영도가 남아 있으며, 놀이방법도 다양하다. 조선 사람들은 실제로 여행하기 어려운 중국의 명승지를 상영도에 기재하고 상상의 여행을 즐겼을 것이다. 이른바 와유臥遊이다.

그림 19
「승람도勝覽圖」, 국립민속박물관 소장
국내 명승지를 여행하면서 시를 짓는 보드게임이다.

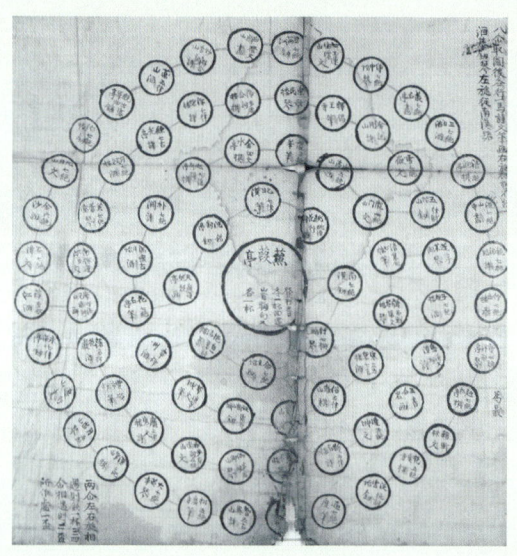

그림 20
「팔선와유도八仙臥遊圖」,
서울대학교 규장각한국학연구원 소장

상영도의 승패를 결정하는 것은 운이 아니라 작문 능력이다. 이 게임에서 요구하는 작문은 짧막한 절구絶句와 율시律詩부터 장편 배율排律 및 복잡한 변려문騈儷文까지 다양한 문체를 망라한다. 작문에 자신이 없으면 시작할 엄두조차 내기 어렵다. 이뿐만이 아니다. 가본 적 없는 곳이지만 해당 지역의 역사와 문화, 인물에 대한 정보를 알고 있어야 한다. 해당 지역의 정보를 시에 넣어야 좋은 시가 나오기 때문이다.

상영도는 대개 놀이판의 형태로 전하고 있지만, 『남승도시첩』은 놀이 과정까지 확인할 수 있는 자료이다. 1892년 11명의 관원이 참여한 남승도 놀이에서 지은 시를 엮은 책이다. 이 놀이에서는 한 판에 269수의 한시가 나왔다. 한 사람이 25수 가까운 시를 지었던 것이다. 반드시 시를 지어야 한다는 규칙은 없지만, 상영도 놀이를 하면서 시를 짓는 것은 당연한 관행이었기에 자연스럽게 시를 지었던 것으로 보인다.

함께하는 놀이

시 짓는 모임의 기원은 동진東晉 왕희지王羲之의 난정수계蘭亭修禊이다. 원로들의 모임인 당唐나라 백거이白居易의 향산구로회香山九老會와 송宋나라 사마광司馬光의 낙양기영회洛陽耆英會, 문인, 승려, 화가 등이 섞여 있는 소식蘇軾의 서원아집西園雅集 등에서도 찾을 수 있다. 조선에서는 이안눌의 동악시단東岳詩壇, 김창흡金昌翕의 백악시단白岳詩壇, 정약용丁若鏞의 죽란시사竹蘭詩社 등이 대표적이다.

18세기부터는 여항인 시사가 성행했다. 1770년경 아전 출신이었던 김광익金光翼이 친구 십여 명과 함께 금란시사金蘭詩社를 결성한다. 그는 하루도 빠짐없이 친구들과 시를 주고받았는데, 퇴근하면 관복을 벗지도 않고 곧장 시사로 달려갔다고 한다. 천수경千壽經의 송석원시사松石園詩社에 와서 여항인 시사는 전성기를 맞이하였다. 이후 조희룡趙熙龍의 벽오사碧梧社, 장지완張之琬의 비연시사斐然詩社, 유재건劉在建의 직하시사稷下詩社, 강위姜瑋의 육교시사六橋詩社 등 시사의 전통은 20세기까지 이어진다.

조선시대 시사는 순수한 문학 동호인 모임은 아니다. 신분과 당파, 지역 등 공통적 요소에 바탕하여 결속을 다지기 위한 모임이다. 시사는 동호인 자제들의 문학적 훈련을 겸하기도 하지만, 시 짓기는 그 부산물이라고 보는 것이 타당하다. 이러한 복합적 성격이 조선시대 시사의 특징이다.

시사와 그 구성원에 대한 정보는 풍부한 편이나, 정작 구체적으로 어떻게 운영되었는지는 자세하지 않다. 일부 시사의 남은 규칙으로 미루어 짐작할 뿐이다.

> 모임이 결성되자 다음과 같이 약속하였다. 살구꽃이 막 피면 한 번 모이고, 복숭아꽃이 막 피면 한 번 모인다. 한여름에 참외가 익으면 한 번 모이고, 막 서늘해지면 서쪽 못에서 연꽃 구경하러 한 번 모인다. 국화가 피면 한 번 모이고, 겨울철 큰 눈이 내리면 한 번 모이며, 세밑에 화분의 매화가 꽃망울을 터트리면 한 번 모인다.
>
> 모일 때마다 술과 안주, 붓과 벼루를 장만하여 술을 마시고 시를 읊는다. 나이가 적은 사람이 먼저 모임을 마련하여 나이 많은 사람에게 이르되, 한 차례 돌면 다시 반복한다. 아들을 낳은 이가 있으면 모임을 마련하고, 수령으로 나가는 이가 있으면 마련하고, 품계가 올라간 이가 있으면 마련하고, 자제가 과거에 급제한 이가 있으면 마련한다.
>
> ─정약용, 〈죽란시사첩서竹欄詩社帖序〉

정약용의 죽란시사 규칙이다. 정기 모임은 1년에 일곱 차례이며, 회원에게 경사가 생기면 모인다. 정기 모임은 나이순으로 호스트를 맡고, 비정기 모임은 경사가 생긴 회원이 맡는다. 술을 마시고 시를 짓는다는 것 외에 별다른 활동은 없다. 중요한 것은 비용을 나누어 부담하여 모임을 유지하는 것이다. 일례로 채제공蔡濟恭의 시사는 회원들이 각자 음식 한 그릇씩 준비해 오는 것을 규칙으로 삼았다.

시사와는 성격이 조금 다르지만, 이옥李鈺은 1793년 친구들과 북한산 중흥사를 유람하면서 세 가지를 약속했다. 그중 시에 관한 약속이다.

> 첫째, 시에 대한 규율이다. 시 속의 사람을 지을 것이고, 사람 속의 시를 지어서는 안 되며, 시 속의 경치가 되게 할 것이고 경치 속의 시가 되어서는 안 될 것이다.
>
> ─이옥, 〈중흥사유기〉

약속이 다소 추상적이다. '시 속의 사람'과 '시 속의 경치'는 사람과 경치를 자연스럽게 시에 담는 것을 말하는 듯하다. 반면 '사람 속의 시'와 '경치 속의 시'는 억지로 사람과 경치를 시에 담는 것을 말하는 듯하다. 시에 관한 약속은 이것이 전부이다. 나머지 약속은 술을 석 잔 이상 마시지 말 것, 백운대는 절대 올라가지 말 것이다.

시회에 참여한 사람들이 지은 시는 대개 시축詩軸으로 제작되었다. 종이 여러 장을 이어붙여 여러 편의 시를 적은 것이다. 시축은 단순한 기념품이 아니다. 시회가 끝난 뒤에도 시축은 이 사람 저 사람의 손을 거치며 전해진다. 그 과정에서 자연스럽게 평가가 이루어진다. 한시 비평서 시화詩話를 보면, 시축을 통해 당시 활동하던 시인의 작품을 접한 사례를 흔히 볼 수 있다.

시축은 한시의 유통에서 상당한 비중을 차지한다. 정만조鄭萬朝(1858~1936)의 『용등시화榕燈詩話』에 따르면, 정만조는 북촌의 고관대작들이 개최한 시회에서 만들어진 시축을 통해 당시 대제학을 지낸 김상현金尙鉉의 시를 볼 수 있었다. 홍엽정이라는 곳에서 시회가 열렸다는 소식을 듣고 뒤늦게 시축을 구해 보기도 하였고, 판서 김만식을 찾아갔을 때 책상에 놓인 시축에서 심기택沈琦澤의 시를 보기도 하였다. 이처럼 시회가 열리면 시축이 제작되고, 그 시축이 여러 사람의 손을 거치는 과정에서 한시는 자연스럽게 유통되었다.

가족 시회

가족들이 모여 시를 지었다는 기록은 드물지 않다. 유희춘柳希春은 아내 송덕봉宋德峯, 아들 유경렴柳景濂, 사위 윤관중尹寬中과 함께 중양절의 모임에서 시를 주고받았다. 벌열 가문에 속하는 홍인모洪仁謨와 부인 영수합令壽閤 서씨徐氏는 아들 홍석주洪奭周, 홍길주洪吉周, 홍현주洪顯周 삼형제에 딸 홍원주洪原周까지 더하여 공동으로 연구시聯句詩를 창작했다. 연안이씨延安李氏는 남편 김성달金成達, 측실 울산이씨蔚山李氏와 주고받은 시를 모으고, 여기에 자녀 13명의 시를 합하여 『연주록聯珠錄』이라는 책을 엮었다. 가족 시회의 존재는 『유씨삼대록』, 『명행정의록』 등의 소설에서도 확인할 수 있다.

　주지하다시피 조선시대의 문학활동은 남성의 영역이었으며, 여성의 문학활동은 권장하지 않았다. 여성의 문학 활동에 대한 부정적 언급은 일일이 거론할 수 없을 정도이다. 이로 인해 상당한 문학적 능력을 갖춘 여성이라도 평소에는 그 능력을 감추는 것이 미덕으로 여겨졌다. 다만 가정 내에서 그 능력을 발휘하는 것은 어느 정도 용인되었다. 이 역시 시 짓기를 '소일거리'로 간주하였기에 가능한 것이었다.

아버님께서는 시짓기를 좋아하셨다. 만년에 고을 원으로 계실 적에 함께 창화할 만한 사람이 없자, 어머님께 억지로 부탁하였다. 어머님께서는 기꺼워하지 않으시며 말씀하셨다. "평측도 모르는데 어떻게 지어요?" 그런데 아버님께서 당나라 율시 한 권을 주시자 열흘도 안 되어 율시를 지을 수 있게 되었다. 장편이건 험운이건 모두 즉시 지어냈다. 그러나 끝까지 손으로 시를 기록하지 않으셨다. 돌아가신 아버지께서 저희에게 옆에 몰래 기록하라고 명하셔서 전후로 백여 편을 얻었다. 그 때 어머니께서 60세였는데, 아버지가 돌아가신 후로는 절대로 다시 시를 짓지 않으셨다.

홍석주洪奭周가 기록한 모친의 행적이다. 홍석주의 모친 영수합 서씨는 시를 지을 줄 몰랐다. 시를 지으라고 권유한 사람은 다름아닌 남편 홍인모였다. 시를 주고받을 사람이 없으니 아내에게 시를 가르쳐 주고받게 하려는 것이었다. 서씨가 열흘 만에 시 지을 능력을 갖추게 된 것은 명문 달성서씨 가문 출신으로서 경전과 역사에 이미 상당한 조예가 있었기 때문이리라. 서씨는 남편이 세상을 떠난 뒤로는 시를 짓지 않았다. 애당초 남편의 무료함을 달래주기 위해 시를 배웠기 때문이다.

가족 구성원들이 한 자리에 모여 각자 시를 지은 이유는 무엇일까. 우선 그것이 학습의 과정이었기 때문이다. 문학 교육은 대개 가정에서 이루어졌던 것으로 보인다. 시를 짓고 고치면서 자연스럽게 부모가 자녀를 교육할 수 있다. 아버지가 시를 잘 짓는 사람이라면 자녀도 자연스럽게 시를 잘 짓게 된다. 학습 수준을 점검하는 기능도 할 수 있다. 시 짓는 것을 보면 공부를 얼마나 했는지 알 수 있기 때문이다. 아들이라면 장차 사회생활을 하면서 시를 지을 일이 많이 있을테니, 그 연습이라고 볼 수도 있겠다. 하지만 가족 시회의 의미는 무엇보다 여가 활용에 있었던 것으로 보인다. 한시 창작은 온 가족이 함께 할 수 있는 건전한 여가 생활이었다.

잡체시

　중국 남제南齊의 황족 소자량蕭子良은 문인들을 모아놓고 시를 짓게 했다. 촛불에 금을 그어놓고 거기까지 타기 전에 완성하라는 조건이었다. 각촉부시刻燭賦詩라고 한다. 시간이 넉넉하다면 문인에게 시 짓기는 그리 어려운 일이 아니다. 하지만 제한시간이 있다면 이야기가 다르다.

　시를 지으면서 특정한 글자의 사용을 금지하기도 한다. 송宋나라 구양수歐陽脩는 눈 내리는 날 손님들과 시를 지었다. 눈雪은 물론이고, 눈을 연상시키는 옥玉, 월月, 이梨, 매梅, 연練, 서絮, 노鷺, 학鶴, 아鵝, 은銀 등의 글자를 일체 사용하지 않기로 약속했다. 백전白戰이라고 한다. 맨손으로 싸운다는 말이다.

　이렇게 여러 가지 제한을 두는 이유는 무엇보다 재미를 위해서다. 진짜 실력 있는 사람을 가려내는 방법이기도 하다. 자신의 재주를 자랑하기 위해 일부러 스스로 어려운 조건을 걸기도 한다. 이것이 하나의 형식으로 자리잡았다. 기존의 한시 형식으로는 규정하기 어려우므로 잡체시雜體詩라고 한다. 잡체시의 종류는 이루 셀 수 없을 정도로 다양하다.

회문시回文詩: 똑바로 읽어도 거꾸로 읽어도 시가 되게 만든 시이다.

층시層詩: 한 구의 길이를 한 글자씩 늘리거나 줄여가며 짓는 시이다.

집구시集句詩: 역대 명시에서 한 구씩 뽑아 시를 완성하는 것이다.

팔음체八音體: 팔음은 악기를 만드는 여덟 가지 재료이다. 즉 쇠[金], 돌[石], 실[絲], 대[竹], 박[匏], 흙[土], 가죽[革], 나무[木]에 해당하는 글자를 홀수구 첫 자에 순서대로 넣어 짓는 시이다.

약명체藥名體: 당귀當歸, 죽엽竹葉, 반하半夏 등 각종 약재 이름을 넣어 짓는 시이다.

금언체禽言體: 새 울음소리를 넣어 짓는 시이다. 이를테면 뻐꾸기는 포곡布穀, 두견새는 불여귀不如歸라고 운다.

장두체藏頭體: 머리를 숨긴다는 뜻인데, 앞 구의 마지막 글자를 쪼개어 다음 구의 첫 번째 글자에 배치하는 방법이다.

이합체離合體: 글자를 쪼개어 시 곳곳에 감추어놓고 그것을 합하면 메시지가 되도록 만드는 방법이다.

이밖에도 여러 가지가 있지만 다 소개할 수 없다. 따지고 보면 깊은 의미는 없다. 어째서 이렇게 이상한 시를 지었을까. 그냥 시를 짓는 것은 누구나 할 수 있다. 한시에 능숙한 사람에게 평측이나 압운 정도는 그다지 심한 제약이 되지 않는다. 하지만 온갖 방법으로 제약을 걸면 짓기가 어려워진다. 어려워진만큼 완성하였을 때의 성취도 크다. 잡체시는 시 짓는 재주를 뽐내는 방법이다.

조선 문인들은 잡체시에도 익숙해져야 했다. 심술궂은 명나라 사신들은 평범한 한시를 주고받는 것으로는 만족하지 않았다. 잡체시를 짓고 수창을 요구하는 경우도 있었다. 조선 문인을 곤란하게 만들려는 의도였을 것이다. 이 때문에 『황화집皇華集』을 보면 다양한 형식의 잡체시가 실려 있다. 조선 문인들의 문집에도 으레 잡체시가 몇 편 실려 있다. 꼭 중국 사신이 아니더라도 제약이 심한 한시의 창작을 요구받는 경우가 있었으므로 연습하지 않을 수 없었던 것이다.

글자 쪼개기

탁자시坼字詩라는 것이 있다. 한자를 변형하여 새로운 의미를 만들어내는 방식으로 짓는 시이다. 한자의 방향을 돌리거나, 점과 획을 더하거나 빼거나, 늘리거나 줄이거나 하는 등 다양한 방식으로 변형하여 상대방에게 그 의미를 맞추게 하는 것이다. 예컨대 '다리 교橋'를 작게 쓰면 '작은 다리[小橋]'이고, '문 문門'을 겹쳐 쓰면 '겹문[重門]'이 되는 식이다. 이밖에 글자의 방향을 바꾸거나 색깔에 변화를 주는 방법도 있다. 글자를 쪼개서 새로운 의미를 만든다는 뜻에서 파자破字라고도 하고, 소동파가 자주 사용했다고 해서 동파체東坡體라고도 한다.

탁자시는 한자의 구성 성분을 변형하거나 재배열하여 의미를 숨긴다. 탁자시를 만드는 작자는 독자가 쉽게 풀이할 수 없는 문제를 만들고, 독자는 작자가 제공한 힌트를 바탕으로 숨겨진 의미를 찾아내야 한다. 수수께끼 놀이의 일종이다.

탁자시는 원래 놀이에서 시작했지만 단순한 놀이로 치부할 수는 없다. 명나라 사신과 조선 관원이 자존심을 걸고 탁자시로 경쟁을 벌였기 때문이다. 명나라 사신과 조선 관원이 주고받은 시를 모은 『황화집皇華集』에는 탁자시 형식으로 지은 시가 여럿 실려 있다. 대개는 명나라 사신이 탁자시를 지어주고 조선 관원에게 그 의미를 풀이하게 하였다. 명나라 사신은 곤란해 하는 조선 관원을 보며 즐거워했을 것이다. 조선 관원의 입장에서도 순순히 물러날 수 없으니, 명나라 사신에게 굴복하지 않으려고 탁자시를 부단히 연습했다.

고작 시 짓는 게 뭐 그렇게 대단한 일일까 싶지만, 당시로서는 국가의 위신이 걸린 문제였다. 명나라 사신과 조선 관원은 수창을 통해 은근히 국가적 자존심을 겨루었다. 명나라 사신은 조선 관원을 곤란하게 만들려고 미리 많은 시를 지어오거나 어려운 시를 지어보라고 했고, 조선 관원은 첩보전을 방불케하는 작전으로 명나라 사신이 어떤 시를 지을지 몰래 알아보기도 했다.

연구聯句, 함께 짓기

여러 사람이 한두 구씩 지어 한 편의 시를 완성하는 방법을 연구라고 한다. 굳이 이런 방식으로 시를 짓는 이유는 문인간의 유희와 교류가 목적이기 때문이다. 당나라 이전에도 있기는 했지만, 당나라 한유韓愈와 맹교孟郊가 본격적으로 시작하였다고 알려져 있다. 한 사람이 기구起句를 지으면 다음 사람이 출구出句와 그 다음 기구를 짓는 방식이었다. 적게는 두 명, 많게는 열 명 가까이 참여한다.

시는 2구가 하나의 의미를 이루기 때문에 2구 또는 4구와 같은 짝수로 짓는 것이 일반적이지만, 홀수 구로 지으면 난이도가 높아진다. 앞사람이 지은 구와 의미가 이어져야 하기 때문이다. 여기에 운자韻字까지 고려해야 하니, 보통 재주로는 어렵다. 연구는 여러 사람의 공동창작이라는 점에서 협동의 성격이 강하면서도, 우열이 쉽게 드러난다는 점에서 경쟁의 성격도 가지고 있다.

영조 임금은 신하들과 자주 시를 주고받았는데, 연구 형식으로 공동창작하는 경우도 종종 있었다. 아래는 그중 하나다.

어제御製

共相寅協秉心公　함께 화합하여 공정한 마음을 잡아야 하니

飭勉王言藥石同　면려하는 왕의 말씀은 약석과 같네

이조 판서 신 윤유 尹游

咫尺敢忘提耳戒　지척에서 귓속에 말씀한 경계 감히 잊으랴

병조 판서 신 조상경 趙尙絅

그림 21

『친정갱재첩親政賡載帖』, 수원박물관 소장

1735년 영조가 14명의 신하와 공동창작한 연구聯句이다.

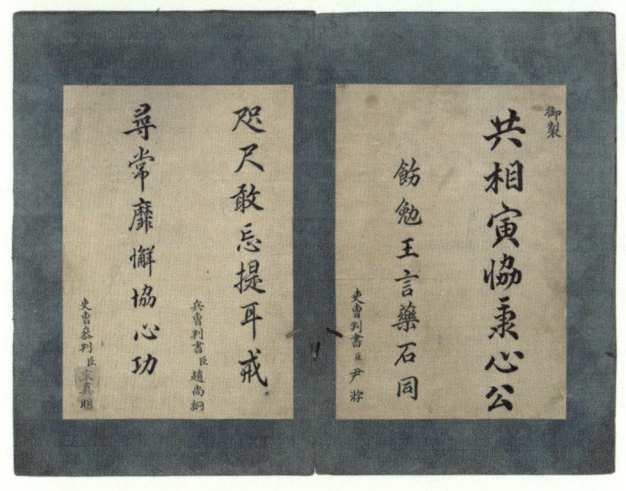

3. 한시와 놀이　　109

尋常靡懈協心功 항상 합심하는 노력 게을리 않네

        이조 참판 신 송진명宋眞明

從知治化惟基此 다스림의 교화가 여기에 바탕한 줄 알겠으니

        병조 참판 신 이덕수李德壽

更祝宸心克有終 성상의 마음 능히 끝맺기를 다시 축원하네

        행 도승지 신 조명익趙明翼

建極已看敷五福 표준을 세워 오복을 펼침을 이미 보았으니

        이조 참의 신 조명교曺命敎

爲治亶合勵群工 다스리기 위해서는 신하들을 면려해야 마땅하네

        좌부승지 신 김호金浩

天恩醉飽歌湛露 성은에 취하고 배불러 담로편을 노래하니

        병조 참의 신 한사득韓師得

民物雍熙驗歲豐 백성이 태평하여 풍년 들 줄 알겠네

　　　　　　　　　병조 참지 신 이흡 李潝

有意宸章宣半夜 의도 있어 한밤중에 임금의 글을 선포하니

　　　　　　　　　병조 정랑 신 유만주 柳萬樞

無私聖德配高穹 사심 없는 성상의 덕은 하늘과 짝하네

　　　　　　　　　병조 좌랑 신 허후 許逅

箕疇遺範千秋繼 기자가 남긴 법도 천년 뒤에 계승하여

　　　　　　　　　기사관 신 송유식 宋儒式

周讌殊恩此夜隆 잔치하는 남다른 은혜 이날 밤에 융숭하네

　　　　　　　　　기주관 신 김정봉 金廷鳳

魚水同歡雲漢語 임금과 신하가 함께 기뻐한다는 말씀
君心如一十年中 십년 동안 임금의 마음 한결같아서라네

　　　　　　　　　가주서 신 이형만 李衡萬

3. 한시와 놀이

1735년 6월 13일, 영조가 신하들과 함께 지은 시다. 이날 영조는 조정에서 관원의 인사 이동을 의논한 뒤, 수고했다는 뜻으로 신하들에게 술을 하사했다. 그리고 이 일을 기념하기 위해 어제시御製詩 1구를 짓고, 신하들에게 연구聯句를 지어올리게 하였다. 첫구를 영조가 짓고, 이조 판서 윤유를 비롯한 신하들이 이어서 한 구씩 지었다. 마지막 차례였던 이형만은 2구를 함께 지어 7언 16구의 시를 완성하였다. 신하들은 임금과 함께 시를 짓는 것을 영광으로 여겼을 것이다.

한시 형식의 파괴

한시는 평측과 압운, 대우 등 형식적 제약이 엄격하다. 이러한 형식적 제약은 어쩌면 중국어 사용자에게는 그리 부담스럽지 않을 수도 있다. 그러나 조선 문인은 아무리 한자와 한문에 익숙하더라도 외국어라는 부담을 떨칠 수 없다. 한시의 형식적 제약은 조선 문인에게 더 큰 부담으로 다가왔을 것이다. 조선 문인의 한시 창작은 복잡한 퍼즐을 맞추는 것처럼 고민과 선택을 동반했다. 이것은 역설적으로 한시 창작이 놀이의 하나로 자리잡는 계기가 되었다.

한시의 미학은 기본적으로 이상적 전범의 재현을 목표로 삼는다. "당나라 시와 구분할 수 없다"는 말은 시인에게 최고의 찬사였다. 그러나 당나라 때 성립된 한시 형식이 1천 년 이상 지속되면서 모든 주제와 표현이 시도된 결과, 더 이상 새로운 시도는 불가능해졌다. 남은 것은 오직 해체 뿐이었다.

19세기 한시사를 말할 때 빠뜨릴 수 없는 인물이 김삿갓이다. 시인으로서의 정체성과 당대의 평가는 그를 19세기의 주요 시인으로 자리매김하기에 부족함이 없다. 특이한 점은 김삿갓의 한시가 전통적인 한시 형식을 붕괴시킴으로써 인구에 회자되었다는 사실이다.

世事熊熊思	세상일을 곰곰이 생각해보니
人皆弓弓去	남들은 모두 훨훨 가는데
我心蜂蜂戰	나는 마음을 벌벌 떨면서
我獨矢矢來	나 홀로 살살 오는구나
言雖草草出	말은 비록 풀풀 내뱉지만
世事竹竹爲	세상일은 데데하구나
心則花花守	마음을 꽃꽃이 지키면
前路松松開	앞길이 솔솔 열리리라

 김삿갓이 지었다고 전하는 〈세상을 경계하다戒世〉라는 시다. 언뜻 보기에는 이전의 한시와 크게 다르지 않은 듯하나, 자세히 보면 한자를 비틀어 사용했다. 한자를 우리말로 풀이하고, 그것을 다시 동음이의어로 바꾸었다. '곰 웅熊'자를 반복하면 '곰곰熊熊'이다. '곰곰이 생각한다'의 그 곰곰이다. '활 궁弓'자를 두 번 반복하면 '활활弓弓'이다. '훨훨 날아간다'의 그 훨훨이다. 벌벌蜂蜂, 살살矢矢, 풀풀草草, 데데竹竹, 꽃꽃花花, 솔솔松松 모두 마찬가지다. 과거에 볼 수 없는 시도임에 분명하나, 전통적인 한시 형식과는 거리가 멀다.
 19세기는 한시 작가 수와 작품 수가 폭발적으로 증가한 시대다. 사대부와 중인은 물론 일부 서민까지도 한시 창작과 향유에 동참했

다. 그 결과, 한시의 창작과 향유는 더 이상 상류층과 하류층을 구분짓는 수단으로 기능하지 못하였다. 때마침 도래한 근대는 새로운 문학의 형식과 주제를 제공했고, 그 결과 한시의 시대는 막을 내리기 시작했다.

그림 22
『김립시金笠詩』, 한국국학진흥원 소장, 고창오씨 춘당공파 기탁

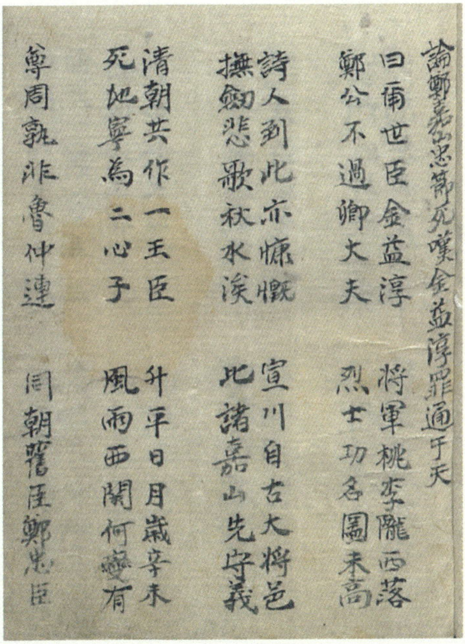

김삿갓의 시를 엮은 책이다. 기존의 한시 형식을 파괴한 김삿갓의 시는 일종의 놀이로서 향유되었다.

3. 한시와 놀이

한시, 근대의 오락물

1894년, 갑오개혁으로 과거제도가 폐지되었다. 출세를 위해 한시를 배울 필요가 없는 시대가 도래했다. 하지만 이것으로 한시의 시대가 끝났는가 하면 그렇지 않다. 한시는 더 이상 출세의 수단은 아니었지만, 여전히 교양 있는 사람들의 놀이로서 기능하였다. 어린이들도 계속 서당을 다니며 한시를 배웠다. 당시 사람들에게 한자와 한문은 여전히 지식인의 필수 소양으로 인식되고 있었기 때문이다.

미래 사회에서 국영수가 별 쓸모 없을 것이라는 사실은 누구나 알고 있지만 지금 학생 중 그 누구도 국영수 공부를 그만두지는 못한다. 그것이 좋은 대학을 가는데 여전히 필요하기 때문이다. 근대의 한시가 놓인 상황도 이와 비슷하다. 한시를 배워봤자 과거 시험도 볼 수 없지만, 교양 있는 사람으로 행세하며 다른 사람들과 어울리려면 한시를 지을 줄 알아야 한다. 이 때문에 근대까지도 수많은 시사詩社가 난립했다. 신분제도가 사라진 시대이니 과거처럼 신분별, 당색별 시사는 찾아보기 어렵다. 근대의 시사는 지역 중심이었다.

여기에 더해, 때마침 출판 기술의 발전에 힘입어 신문과 잡지가 쏟아지기 시작했다. 서구 문물을 소개하며 대중을 계몽하는 내용이 주류를 이루었지만, 전통 학문에 관한 내용도 배제하지 않았다. 수

많은 신문과 잡지에 '사조詞藻'란을 두어 과거의 명시를 소개하거나 독자가 투고한 한시를 게재했다. 내가 지은 한시가 신문 잡지에 실려 많은 사람들에게 소개된다는 것은 당시 사람들에게 뿌리치기 어려운 유혹이었다.

여기서 사업 가능성을 간파한 사람이 있었으니, 그가 바로 안왕거安往居(1858~1929)이다. 그는 한시에 상당한 소양이 있었던 인물이다. 『매일신보』, 『중외일보』 등에 중국과 우리나라의 한시를 소개하는 글을 연재했다. 이밖에도 난설헌 허경번과 소설헌 허경란의 시를 합한 『허부인난설헌집 부 경란집』(1913), 학정헌鶴頂軒 고부정씨와 오씨의 시화 『고부기담姑婦奇譚』(1915), 선산善山 난정음사蘭亭吟社의 한시를 엮은 『참격시집參格詩集』 등 여러 한시 관련 책을 출판했다.

그림 23

열상규조洌上閨藻, 대한민국 신문 아카이브

안왕거가 1927년 『중외일보』에 연재한 시화詩話이다. 일제강점기까지 한시가 대중의 읽을거리로 기능한 사실을 보여준다.

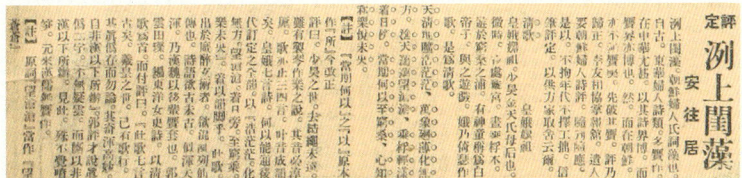

3. 한시와 놀이

1911년, 안왕거는 신해음사辛亥唫社라는 시사를 설립하고, 회원들에게 월 회비 15전을 받고 그들이 지은 시를 엮어 『신해음사』라는 책으로 출판했다. 『신해음사』와 별도로 『기정집』이라는 한시집도 출판했는데, 투고자에게는 간행비 명목으로 40~60전을 요구했다. 안왕거의 수익사업은 이뿐만이 아니었다. 백일장도 자주 개최했는데, 역시 20전 이상의 참가비를 요구했다. 이밖에도 중국인이 중국에 세운 정자의 제영시를 공모하는 등 특별 현상공모를 자주 시행했는데, 공모의 내용은 믿기 어렵다. 참가비를 걷으려는 목적이었던 듯하다.

안왕거는 신해음사의 흥행을 위해 가공의 인물들을 창조했다. 그 인물들은 대부분 여성이었다. 금강산 비구니 혜정慧定, 효부 안수경安壽瓊, 중국 강남의 여인 오자란吳自蘭, 채현하蔡玄霞, 과부 정현丁絢 등이다. 『신해음사』에는 이들이 저자로 표기된 시가 실려 있지만 믿을 수 없다.

전근대 사회에서 문학은 여성의 영역이 아니었다. 안왕거 당대까지도 여성의 문학 활동은 드물었다. 한시를 지을 수 있는 여성은 더욱 드물었다. 안왕거는 여성의 한시가 대중의 관심을 끌 수 있다는 판단하에 가공의 여성 인물과 그들이 지었다는 한시를 창작한 것이다.

안왕거의 사업은 성공적이었던 것으로 보인다. 『신해음사』는 6년간 간행을 거듭했고, 그밖의 출판물도 널리 판매되었다. 근대에 들어서도 한시를 향유하는 사람이 여전히 상당했다는 증거이다. 읽을거리, 오락물로 기능한 한시는 근대까지도 '여가의 기술'이었다.

한시 놀이에서 시조 놀이로

근대에 접어들며 우리 문화에서 중국의 흔적을 지우려는 작업이 진행되었다. 순한문체는 국한문혼용체로 바뀌고, 중국의 색채가 짙은 문화는 서양식 문화와 우리 고유의 문화로 대체되었다. 한시 역시 이러한 풍조에 발맞추어 쇠퇴했다. 그 빈자리를 차지한 것이 시조이다. 중국에서 기원한 한시와 달리, 시조는 순수한 우리의 문학이었기 때문이다.

가투歌鬪는 1920년대 무렵 등장한 놀이다. '시조놀이'라고도 한다. 알다시피 시조는 초장初章, 중장中章, 종장終章으로 이루어져 있다. 시조 100수의 초중종장 전체를 적은 카드 100장과 종장만 적은 카드 100장을 준비한다. 전체를 적은 카드는 진행자가 갖고, 종장만 적은 카드는 바닥에 늘어놓는다. 심판이 시조 한 수를 골라 읽기 시작하면, 참여자는 그 시조의 종장만 적은 카드를 찾아내야 한다. 먼저 찾아내는 사람이 그 카드를 가진다. 카드를 많이 가진 사람이 승리하는 놀이다.

가투는 일본의 '카루타'에서 온 것으로 알려져 있다. 일본의 와카和歌를 적은 카드로 진행하는 놀이이다. 이 때문에 어떤 연구자들은 일본이 의도적으로 가투놀이를 보급했다고 주장한다. 전통놀이를

그림 24
가투歌鬪, 시조를 맞히는 카드 게임이다. 국립민속박물관 소장

말살하고 조선 사람을 황국신민으로 개조하기 위한 도구였다는 것이다. 하지만 꼭 그렇게 볼 일은 아니다. '카루타'처럼 문학작품을 가지고 노는 놀이는 어느 문화권에서나 찾아볼 수 있기 때문이다. 아이들이 하는 놀이가 세계 어디에서나 비슷한 것처럼, 문학작품을 이용한 놀이 역시 그 방식은 동서고금을 막론하고 유사한 법이다.

사실 조선 후기의 시조는 유흥적, 퇴폐적 성격이 강하여 남녀노소가 즐기기는 적절치 않다. 본디 시조는 사대부들이 노래를 통해 백성을 교화한다는 목적에서 창작되었지만, 조선 후기에 중인 계층이 시조의 창작과 향유를 주도하면서 시조는 '놀이'를 주된 기능으로 삼게 되었기 때문이다. 이로 인해 외설적이고 우스꽝스러운 시조가 널리 유행했다. 인생무상이라는 미명 하에 향락에 몰입하는

내용의 시조도 많았다.

따라서 가족 모두가 가투놀이를 즐기기 위해서는 윤리적인 생활, 자연 속의 풍류, 이별의 정한 등 남녀노소가 모두 즐기기 적절한 시조를 선별하는 작업이 필요했다. 시조의 재발견이다. 1930~1940년대에는 거대 언론사들이 대규모 가투 대회를 경쟁적으로 개최했다. 가투는 새로운 놀이문화에 대한 당대 사회의 요구와 맞물리며 널리 유행했다. 그러나 1940년대 제2차 세계대전이 심각해지자 가투놀이를 주최하던 언론사가 일제의 강압으로 폐지되면서 가투놀이의 열기는 점차 식기 시작했다. 해방 이후에는 시조에 대한 관심이 이전만 못해졌다. 가투놀이의 유행은 오래가지 못했다.

해방 이후로 가투놀이를 현대화하려는 시도가 이어졌지만, 일회성에 그쳤고 대중적 호응도 얻지 못했다. 한시 놀이가 시대의 변화에 따라 사라진 것처럼, 시조 놀이 역시 사라지고 말았다.

4

문학과 놀이

성불도, 부처님 되는 놀이

한시와는 거리가 있지만, 옛사람들이 하던 고차원적 놀이를 몇 가지 소개한다. 성불도, 작성도, 종정도이다. 이 놀이들을 알아야 한시가 흥미진진한 놀이가 되는 이유를 이해할 수 있기 때문이다.

우리나라 사람들의 놀이에 대한 기록은 『주서周書』 「백제전百濟傳」에 처음 보인다. 당시 백제 사람들은 투호놀이, 윷놀이, 그리고 바둑을 즐겼다고 한다. 이밖에 고누놀이, 공기놀이 등이 비교적 일찍부터 유행한 것으로 보인다. 이 놀이 중에는 지금까지 유행하는 것도 있지만, 대부분의 놀이는 시대의 흐름과 함께 나타나고 사라졌다.

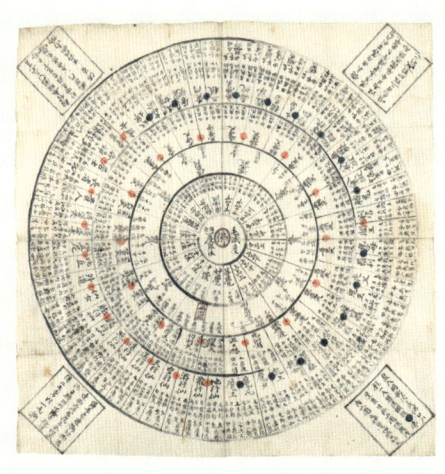

그림 25
『성불도成佛圖』,
한국국학진흥원 소장, 청송심씨 봉고정사 기탁

주사위를 굴려 중앙에 위치한 부처의 자리에 도달하는 보드게임이다.

한때는 폭발적인 인기를 누렸지만 지금은 흔적조차 찾아볼 수 없는 놀이도 많다. 그중 하나가 고려시대에 유행한 '성불도成佛圖 놀이'다. 성불도는 불교적 세계관에 바탕한 보드게임이다. 보드에는 100개 가까운 칸이 있다. 불교적 개념, 인물, 또는 장소가 적혀 있다. '나무아미타불' 여섯 글자를 적은 주사위 세 개를 굴려 칸에서 칸으로 말을 옮긴다. 무슨 글자가 나오면 어느 칸으로 가라는 지시가 칸마다 적혀 있다. 성불도는 사람의 세계를 뜻하는 인취人趣에서 시작하여 큰 깨달음을 의미하는 대각大覺에서 끝난다. 대각에 먼저 도착한 사람이 승리한다.

성불도가 유행한 사실은 고려 이색李穡의 시에서 확인할 수 있다.

| 三門涼可愛 | 사찰이 서늘하여 좋은데 |
| 侑以成佛圖 | 나에게 성불도를 권하네 |

―이색李穡(1328~1396),
〈여름날에 성남城南의 영녕사永寧寺에서 노닐다〉

| 晚景深居避人處 | 나는 노년에 절간에 깊이 앉아 사람을 피하는데 |
| 高聲大叫成佛圖 | 사람들은 성불도 앞에서 큰소리 떠들어 대는구나 |

―이색, 〈답답한 마음을 풀다〉

| 永日無人處 | 길고 긴 날 사람도 볼 수 없는 곳 |
| 高樓成佛圖 | 높은 다락에 성불도만 덩그럴 뿐 |

—이색,
〈잠 시자岑侍者가 개천사開天寺로 돌아가겠다고 하직 인사를 하다〉

이색의 시는 사찰에서 성불도 놀이를 즐기는 당시 풍속을 생생히 전하고 있다. 성불도 놀이는 불교를 억압하던 조선시대에도 여전히 유행했다. 성불도 놀이판은 지금도 전국 각지의 박물관에 전한다. 한글 성불도 역시 발견되는 것으로 보아 규방 여성들도 즐겼던 듯하다.

작성도, 유학의 성인 되기

조선시대에 들어와서는 성불도를 본떠 만든 작성도作聖圖가 유행했다. 조선 초기 유학자 권근權近의 조카 권채權採의 창안으로 알려져 있다. 작성도에는 주돈이周敦頤의 〈태극도설太極圖說〉, 권근의 〈입학도설入學圖說〉에 바탕한 그림을 넣어 성리학적 개념의 이해를 도왔다. 칸에서 칸으로 이동하는 것도 모두 성리학적 근거가 있다. 그 설명은 『작성도론作聖圖論』에 자세하다. 현재 작성도의 보드가 발견되지 않아 『작성도론』을 통해 추정만 가능한데, 보드를 재구하면 전통 놀이의 하나를 복원할 수 있을 것이다.

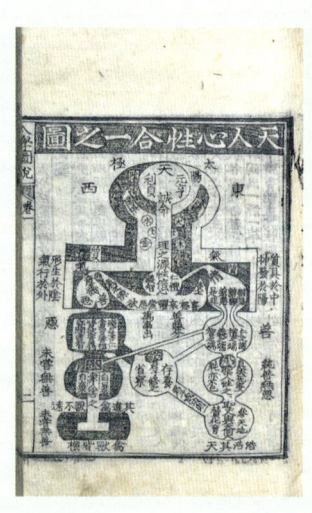

그림 26
『입학도설入學圖說』,
한국국학진흥원 소장, 안동권씨 수곡문중 기탁

권근權近이 성리학의 기본 개념을 쉽게 설명한 책이다. 작성도는 권근의 조카 권채權採가 이 책의 내용을 자연스럽게 익히도록 만든 놀이다.

작성도를 만들게 된 경위는 〈작성도론서作聖圖論序〉에 자세하다.

"기해년(1419) 선친이 세상을 떠났을 때 나는 아직 어려 중형 권채를 따라 양주楊州 풍양현豊壤縣에서 시묘살이하였다. 승려 범기梵琦가 와서 말하기를 '성불도成佛圖가 심심풀이할 만합니다.' 하기에 내가 형에게 말하기를 '유가 역시 이러한 그림이 있습니까?' 하니, '없다. 내가 시험삼아 만들겠다.' 하고, 《중용장구》와 《대학장구》의 어구를 모았으니 격물치지格物致知에서 시작하여 참천지參天地 찬화육贊化育에서 마쳤다. 모두 50여 목이며, 성인과 학자의 등급으로 나누었다. 또 주사위 2매를 만들어 각기 성誠, 경敬, 위僞, 사肆 4자를 써서 오르내리는 방법으로 삼고 이어서 강론하였으니, 이것이 이 그림이 만들어진 이유이다.

그 뒤에 다시 늘여서 천원지방天圓地方의 형상을 만들고 위에는 사계절을 나열하고 아래로는 오행을 나누었으며, 밖으로는 음양의 운행을 포괄하고 안으로는 기질의 구속을 나열하였다. 이단, 어리석은 자, 지혜로운 자의 과실까지 그 자리를 모두 정하고, 이어서 《논어》, 《맹자》 등 여러 경전의 말을 뽑아 각기 종류별로 모았다. 또 십수 편을 지었으니 그림 속의 절목 중에 의심스러운 것은 모두 논란을 만들어 성현의 설을 인용하고 그 뜻을 밝혔으니 지극히 정밀하였다. 이른바 '밖으로 큰 규모를 지극히 하고 안으로 자세한 절목을 다하였다.'라는 말이 실로 여기에 있었다."

작성도는 성불도를 모방하여 만든 보드게임이다. 보드는 50여 칸으로 구성되었으며, 각 칸에는 성리학적 개념을 적어넣었다. 주사위 두 개를 사용하는데, 각 면에는 성誠, 성誠, 경敬, 경敬, 위僞, 사肆 6자가 적혀 있다. 이 주사위를 굴려서 칸을 이동하는데, '성'과 '경'이 나오면 좋고, '위'와 '사'는 좋지 않다. 작성도 보드에는 게임과 직접 관련이 없는 성리학적 개념들까지도 그림으로 그려넣었다. 놀이를 하면서 저절로 익숙해지게 하려는 의도다. 여기에 더해 이 칸에서 저 칸으로 이동하는 이유를 성리학적 개념으로 설명했다.

종정도, 출세를 위한 인생 게임

조선시대는 성리학이 지배 이념이었으니 작성도 놀이도 계속 유행했을 것 같지만, 조선 초기 이후로는 자취를 감추었다. 작성도 놀이를 하는 선비들이 염불보다 잿밥에 관심이 있었기 때문으로 보인다. 대부분의 선비들이 성리학을 공부하는 이유는 성인이 되기 위해서가 아니라 벼슬을 얻기 위해서다. 그래서 성인이 되는 놀이보다 관원이 되는 놀이를 선호했다. 이 때문에 조선 초기부터 말기까지 종정도從政圖라는 놀이가 유행했다.

> 세상의 한가한 사람들이 무리 지어 모여 일이 없으면 몇 폭을 이어 붙인 종이에 관반官班과 작질爵秩을 죽 적고 올리고 낮추는 법과 물리고 나가는 법을 덧붙여 적는다. 그리고 나무를 깎아 정육면체의 주사위를 만들고 덕德·훈勳·문文·무武·탐貪·연軟 여섯 자를 각 면에 새긴다. 이런 주사위를 모두 세 개 만든다. 이제 몇 사람이 종이를 펼쳐 놓고 소리치며 주사위를 던져서 나오는 글자에 따라 관반과 작질을 올리고 낮추어 관반과 작질의 귀천에 따라 승패를 결정한다. 이

를 지목하여 종정도라 하는데 그 유래가 오래다.

―권필權韠(1569~1612), 〈종정도설從政圖說〉

종정도는 큰 종이를 가로세로로 나누어 150~200개의 칸을 만들고, 각 칸에 관직의 명칭을 적은 뒤 주사위를 던져 나온 수에 따라 말을 옮겨가며 가장 먼저 최고 벼슬에 이르러 퇴임하는 사람이 승리하는 놀이다. 조선 초기 정승 하륜河崙이 만들었다고 전하며, 이 역시 작성도와 마찬가지로 성불도를 모델로 삼은 것으로 보인다. 처음 주사위를 던져 출신을 정한다. 문과文科, 무과武科, 음관蔭官, 은일隱逸 등이다. 출신에 따라 관직의 경로가 다른데, 아무래도 출신이 좋으면 유리하다. 주사위를 던지면 승진과 좌천, 형벌이 결정된다.

종정도 놀이를 했다는 기록은 자주 보인다. 조선 전기 사화史禍로 유배된 선비들이 유배지에서 소일거리로 삼았다는 기록도 있고, 임진왜란으로 피난 생활하는 와중에도 종정도를 즐겼다. 심지어 신분제도의 정점에 위치한 국왕까지도 종정도 놀이를 했다는 기록이 있다. 종정도는 구한말까지도 유행했지만 과거제가 폐지되고 관제가 개혁되면서 점차 인기를 잃었다.

그림 27

종정도從政圖, 한국국학진흥원 소장

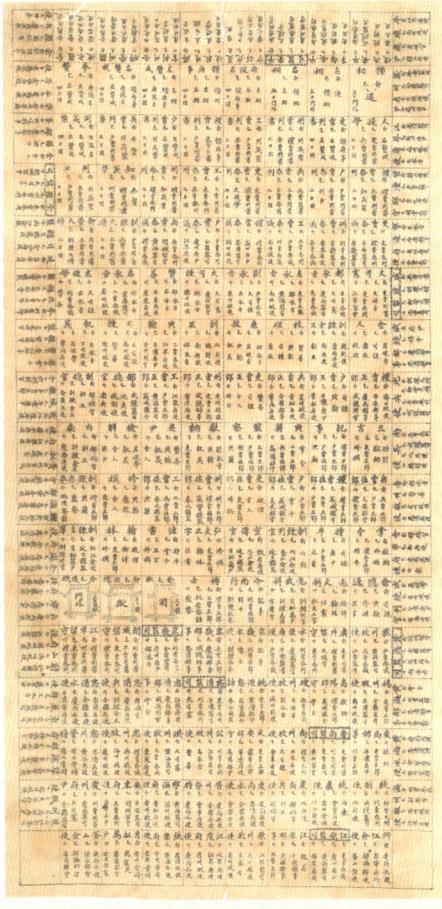

그림 27-1

종정도, 재령이씨 문경공파 이광호家 기탁

종정도는 조선 초기부터 구한말까지 유행한 대표적인 민속놀이였다.

그림 27-2

승경도, 안동권씨 권종민家 기탁

그림 27-3

종정도, 파평윤씨 윤승환家 기탁

4. 문학과 놀이

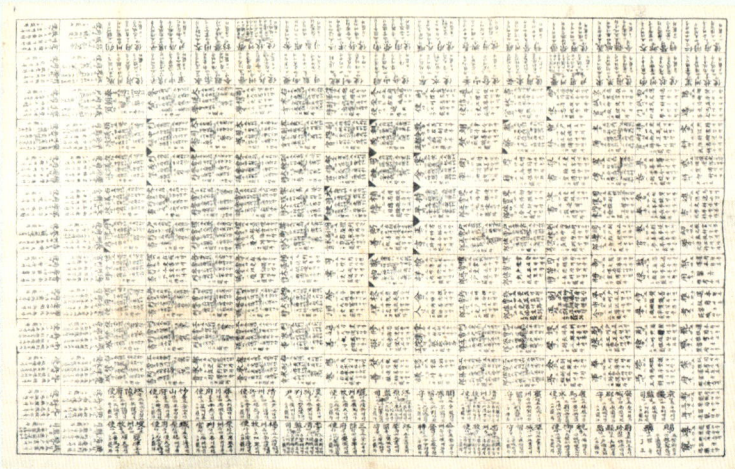

그림 27-4
종정도, 수성나씨 기암공파 나후식家 기탁

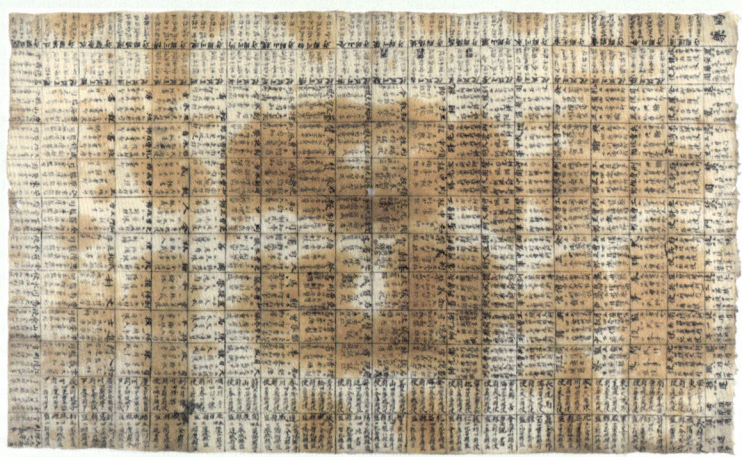

그림 27-5
종정도, 고령이씨 이동진家 기탁

성불도, 작성도, 종정도는 각각 불교, 성리학, 조선시대 관직제도를 놀이로 만든 것이다. 언뜻 보기에는 복잡한 것 같아도 실제로는 단순하다. 처음에는 신기하고 재미있지만 어느 정도 익숙해지면 지루하다. 놀이하는 사람이 개입할 여지가 별로 없고, 순전히 주사위로 승부가 갈리기 때문이다. 한시는 다르다. 한시 놀이에도 운이 작용하지만, 승부의 관건은 운이 아니라 시 짓는 능력이다. 이것이 옛사람들이 한시 놀이에 열광한 이유다.

한시가 놀이인 이유

한시를 짓는 행위가 어떻게 놀이가 되는가. 놀이라는 것은 규칙이 있기 마련이다. 전세계적으로 히트한 드라마 '오징어게임'에 등장하는 놀이들을 보자. 딱지치기, 무궁화꽃이 피었습니다, 달고나 게임, 줄다리기, 구슬치기, 징검다리, 모두 규칙이 있다. 이처럼 놀이라는 것은 규칙을 정해놓고 그 안에서 경쟁하거나 협력하여 목표를 달성하는 것이다.

한시를 짓는데도 규칙이 있다. 우선 글자 수가 정해져 있다. 다섯 글자 또는 일곱 글자로 1구를 만들고, 4구 또는 8구가 모여 하나의 한 시가 된다. 다섯 글자 4구는 오언절구, 다섯 글자 8구는 오언율시, 일곱 글자 4구는 칠언절구, 일곱 글자 8구는 칠언율시라고 한다. 이밖에도 여러 조합이 가능하지만 가장 많이 사용하는 형식은 이 네 가지이다.

글자 수만 채운다고 되는 것이 아니다. 먼저 압운押韻이 있다. 운자韻字를 넣는다는 말이다. 운자는 노래의 '라임'과 같다. 라임의 반복은 리듬감을 만든다. 운자를 넣는 이유도 이 때문이다.

○○○○○　　○○○○○○●

○○○○●　　○○○○○●

○○○○○　　○○○○○○

○○○○●　　○○○○○●

　검은 동그라미가 운자의 위치이다. 오언시는 짝수 구의 마지막에 운자를 넣고, 칠언시는 여기에 더해 첫구의 마지막에도 운자를 넣어야 한다. 여럿이 시를 지을 적에는 보통 사전에 운자를 정해놓기 마련이다. 똑같은 운자를 사용해도 나머지 글자가 전부 다르므로 시의 내용은 천차만별이다.

　다음은 평측이다. 평측이라는 것은 소리의 높낮이이다. 한자의 높낮이를 성조聲調라고 하며 크게는 평성平聲과 측성仄聲으로 구분한다. 평성은 중국어의 1성, 측성은 중국어의 2, 3, 4성에 해당한다. 한시는 평성을 사용하는 자리와 측성을 사용하는 자리가 정해져 있다. 예를 들면 다음과 같다.

平平仄仄平　　仄仄仄平仄

仄仄仄平(平)　平平仄仄(平)

仄仄平平仄　　平平平仄仄

平平仄仄(平)　仄仄仄平(平)

다섯 글자가 4구를 이루는 오언절구의 평측 예시다. 괄호는 운자를 넣는 자리로 반드시 지켜야 한다. 평측은 약간의 융통성이 있기는 하지만, 대체로 이 형식에 맞춰야 한다. 평성과 측성이 무질서하게 놓여 있는 것 같지만, 여기에도 규칙이 있다. 우선 1구와 2구, 그리고 3구와 4구는 평측이 정반대에 가깝다. 반면 2구와 3구의 평측은 거의 비슷하다.

1구 내의 평측도 규칙이 있다. 오언시 1구는 대체로 2자/2자/1자로 분절되는데, 각 분절 끝 글자의 평측이 엇갈린다는 점을 발견할 수 있다. 첫 분절의 끝 글자가 평성이면 다음 분절의 끝 글자는 측성, 마지막 한 글자는 다시 평성이다. 반대로 첫 분절의 끝 글자가 측성이면 다음 분절의 끝 글자는 평성, 마지막 한 글자는 측성이 되는 식이다. 이와 같은 평측 규칙은 시를 읊을 때 높낮이에 변화를 주어 음악성을 강조하기 위한 장치다. 이밖에도 세세한 규칙이 있으나 생략한다.

한시를 짓는 규칙은 음악성을 강조하기 위한 것이다. 시는 본디 노래에서 갈라져 나왔기 때문이다. 시와 노래가 분리된 뒤에도 시에는 여전히 노래의 음악성이 강하게 작용하였다. 따라서 시를 지을 때에도 노래처럼 보여야 한다. 그 때문에 이처럼 복잡한 규칙이 생긴 것이다.

규칙만 지킨다고 끝이 아니다. 이 규칙을 지키면서도 표현이 참신하고 내용이 설득력 있어야 한다. 규칙을 모두 지켰다면 표현과 내용으로 우열을 가린다. 이것이 한시 짓기가 놀이가 되는 이유이다.

정해진 글자를 운자로 사용하고, 글자의 높낮이를 보아 정해진 자리에 넣어야 한다는 것은 큰 제약이다. 하지만 이 제약이 오히려 시 짓기를 재미있게 만든다. 앞서 말했듯이 놀이란 규칙이 있어야 재미있는 법이니까.

삼행시와 차운시

예능 프로그램의 출연자들이 '삼행시'를 짓는 모습을 보았을 것이다. 세 글자를 차례로 부르면 그 글자로 시작하는 세 개의 문장을 만드는 게임이다. 겨우 운을 맞추어 억지로 말을 만드는 사람이 있는가 하면, 기발한 착상으로 감탄을 자아내는 사람도 있다. 출연자의 재치와 순발력이 저절로 드러난다.

삼행시 비슷한 게임이 옛날에도 있었다. 차운시라고 한다. 삼행시와 다른 점은 운자를 첫머리에 쓰는 것이 아니라 마지막에 쓴다는 점이다. 한자로 짓는 한시는 짝수 행의 마지막에 운자를 사용하기 때문이다.

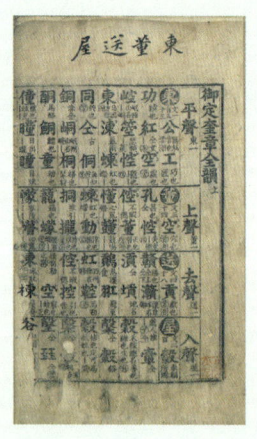

그림 28
『규장전운奎章全韻』, 한국국학진흥원 소장, 영천이씨 농암종택 기탁

1796년 정조의 명으로 간행된 운서韻書이다. 13,345자를 106운목으로 분류하였다. 시의 운자는 같은 운목에 있는 글자를 사용한다.

```
○○○○○        ○○○○○        ○○○○○●       ○○○○○●
○○○○●        ○○○○●        ○○○○○●       ○○○○○●
○○○○○        ○○○○○        ○○○○○○       ○○○○○○
○○○○●        ○○○○●        ○○○○○●       ○○○○○●
              ○○○○○                      ○○○○○○
              ○○○○●                      ○○○○○●
              ○○○○○                      ○○○○○○
              ○○○○●                      ○○○○○●
```

| 오언절구 | 오언율시 | 칠언절구 | 칠언율시 |

 검은 동그라미가 운자의 위치다. 4행의 절구시는 2행과 4행의 마지막 글자, 8행의 율시는 2, 4, 6, 8행의 마지막 글자가 운자다. 칠언시의 경우는 1행의 마지막 글자도 운자다. 오언절구는 전체 20자 중 2자, 오언율시는 40자 중 4자, 칠언절구는 28자 중 3자, 칠언율시는 56자 중 5자가 운자이다. 그러니까 차운시를 짓는다면 약 10%의 글자가 짓기 전에 이미 정해져 있는 것이다. 이 글자들을 그대로 두고서 나머지 글자를 채워넣어 시가 되게끔 만드는 것이 차운시이다.

 그렇지 않아도 한시는 제약이 엄격하다. 글자수와 평측平仄이 정해져 있고, 대우對偶도 맞춰야 한다. 여기에 운자까지 정해져 있다면 시 짓는 사람에게는 속박에 가깝다. 창작의 자유와는 거리가 멀다. 그런데도 차운시는 등장과 동시에 인기를 끌었다. 차운시를 짓지 않은 시인이 없을 정도다. 그 이유는 무엇일까?

차운시의 유래

하문환何文煥의 『역대시화歷代詩話』에 따르면 차운은 당나라 원진元稹과 백거이白居易가 시작했고, 피일휴皮日休, 육귀몽陸龜夢에 이르러 성행했으며, 소식蘇軾과 황정견黃庭堅이 정점을 찍었다고 한다. 소식과 황정견이 남긴 시의 약 30%가 차운시라고 하니, 차운이 얼마나 큰 인기를 끌었는지 알 만하다.

원진과 백거이가 차운을 시작한 계기는 원진이 영호초令狐楚에게 보낸 편지에 자세하다.

> 저는 동문 백거이와 친구 사이입니다. 백거이는 평소 시를 잘 지었습니다. 문자를 써 내려가기 좋아하고 운율을 남김없이 발휘하여 1천 자, 5백 자의 율시를 지어 보내곤 했습니다. 저는 백거이를 능가할 수 없다는 것을 알고 종종 장난삼아 옛시의 운을 배열하여 새로운 말을 만들고 '차운'이라 이름하여 주고받았으니, 시를 짓기 어렵게 만들려는 것이었습니다. 그 뒤로 강호에서 시를 짓는 사람들이 너도 나도 본떠 지었습니다.

『구당서舊唐書』에 나오는 말이다. 백거이는 탁월한 시인이었다. 순식간에 장편시를 지어 원진에게 보냈다. 원진은 자기 재주가 백거이에 못 미친다는 사실을 인정할 수밖에 없었다. 빨리, 많이 짓기로는 백거이를 당할 수 없다. 원진은 독특한 작법을 고안했다. 기존 시의 운자를 그대로 사용하되, 새로운 의미를 담은 시를 짓는 것이다. 시를 짓기 어렵게 만들려는 의도였다. 이것이 차운시의 유래다.

  원진과 백거이가 장난삼아 시작한 차운은 순식간에 유행으로 번졌다. 그럴 만한 여건이 조성되었기 때문이다. 원진과 백거이가 활동한 중당中唐 이전 시기까지만 해도 시 짓기는 특별한 능력이었다. 시를 지을 줄 아는 사람이 드물었으니, 시를 주고받는 일도 드물 수밖에 없다. 하지만 과거제도가 자리잡으면서 문인층이 확대되고, 시 짓기는 어느덧 문인의 필수 교양으로 자리잡았다. 시를 주고받는 수창酬唱이라는 관습이 보편화된 것도 중당 무렵이다. 같은 운자를 사용하여 시를 주고받는 차운 수창은 문인간의 경쟁과 교류에 효과적인 수단이었다.

  차운은 세 종류가 있다. 첫째는 좁은 의미의 차운이다. 보운步韻, 첩운疊韻이라고도 한다. 상대방이 사용한 운자를 그 위치에 그대로 사용해서 시를 짓는 것이다. 둘째는 용운用韻이다. 상대방이 사용한 운자를 사용하되 위치는 바꿀 수 있다. 셋째는 화운和韻이다. 상대방이 사용한 운자와 같은 운목韻目에 있는 글자라면 자유롭게 사용할 수 있다. 하나의 운목에는 적게는 10여 자, 많게는 2~3백 글자가 있으니, 선택의 폭이 넓다. 가장 제약이 덜한 방식이다. 다만 이 세 가지는 엄격히 구분하지 않고 혼용하는 경우가 많다. 세 가지 차운 방식 중 가장 널리 쓰인 것은 좁은 의미의 차운이다. 제약이 엄격하지 않으면 굳이 차운할 이유가 없기 때문이다.

차운시가 유행하면서 『운부군옥韻府群玉』, 『패문운부佩文韻府』처럼 운을 기준으로 분류한 사전도 등장했다. 단어의 앞글자 순으로 배열된 오늘날의 사전과 달리, 단어의 뒷글자 순으로 배열된 사전이다. 운자는 구절의 마지막에 있으므로, 차운시를 지을 때는 이런 사전이 유용하다.

원작을 넘어서려는 시도

'백문이 불여일견'이니, 실제 차운시를 살펴보자. 차운시가 한두 편이 아니지만, 유명한 시와 그 차운시를 보는 것이 이해가 빠르겠다.

雨歇長堤草色多 비 그친 긴 둑에 풀빛이 짙은데
送君南浦動悲歌 남포에서 그대 보내니 슬픈 노래 진동하네
大同江水何時盡 대동강 물은 어느 때나 마를까
別淚年年添綠波 해마다 이별 눈물 물결에 더하니

고려시대 시인 정지상鄭知常의 〈송인送人〉은 단연 우리나라 한시의 으뜸이다. 이 시는 평양 감사의 전용 누선樓船에 걸려 있었다. 중국 사신이 평양에 도착하면 시가 새겨진 현판을 전부 철거해 버리고 정지상의 시만 남겨두었다는 일화가 있다. 다른 시는 몰라도 정지상의 시만큼은 중국에 내놓아도 부끄럽지 않다는 것이다.

명작으로 알려진만큼 차운시도 많다. 조선 초기부터 구한말까지 33명이 47수를 남겼다고 한다. 서거정, 성현, 신광한, 고경명, 이정귀, 이식, 김창흡, 채팽윤, 오광운, 신광수, 이광려, 신위, 김택영 등 쟁쟁한 시인들이다. 이들은 정지상의 아성을 넘어서고자 차운을 시

도했다. 그중 호평을 받은 것이 삼당시인三唐詩人 이달의 시다.

蓮葉參差蓮子多　연잎은 들쭉날쭉 연밥은 무성한데
蓮花相間女郎歌　연꽃 사이로 아가씨 노랫소리
來時約伴橫塘浦　돌아올 때 포구에서 짝궁과 약속해서
辛苦移舟逆上波　고생하며 배 저어 물결을 거슬러 올라가네

허균許筠의 『성수시화惺叟詩話』, 신흠申欽의 『청창연담晴窓軟談』, 양경우梁慶遇의 『제호시화霽湖詩話』 모두 이달의 시를 〈송인〉 차운 시의 으뜸으로 꼽았다. 물론 호평만 있었던 것은 아니다. 정약용은 이 시 3구의 '횡당橫塘'은 고유명사이니 대동강과는 맞지 않고, 마지막 구절 역시 두보 시의 표절이라고 문제삼았다.

정지상 시의 운자는 다多, 가歌, 파波이다. 이달의 시도 같은 운자를 사용했다. 하지만 운자가 만들어내는 의미는 다르다. 정지상 시에서 '다多'는 비 맞은 풀빛의 선명함이지만 이달의 시에서는 무성하게 자라난 연밥이다. 정지상 시에서 '가歌'는 구슬픈 이별 노래지만 이달의 시에서는 아가씨가 부르는 청아한 노래다. 정지상 시에서 '파波'는 눈물을 떨구는 물결이지만 이달의 시에서는 님을 만나러 거슬러 올라가는 물결이다. 무엇보다 시가 자아내는 분위기가

정반대다. 정지상이 이별의 슬픔을 노래했다면 이달은 만남의 설레임을 노래했다. 같은 운자를 사용하더라도 전혀 다른 시가 될 수 있다. 차운이 보편적인 시 작법으로 자리잡은 이유가 이것이다.

차운시의 명암

차운시를 지을 때는 운자에 맞추어 말을 만드는 것이 우선이다. 시인의 생각과 감정을 표현하는 것은 그 다음이다. 차운이 창작의 자유를 제한하는 것은 사실이다. 이러한 차운시의 폐단을 먼저 지적한 사람은 아이러니하게도 차운시를 창안한 원진이다. 그는 능력이 부족한 사람들이 차운시를 지으면 "말이 뒤바뀌고 앞뒤가 중복되며 운도 같고 뜻도 같아 앞의 시와 다름이 없다."라고 비판했다.

차운시의 폐단을 지적한 사람은 한둘이 아니다. 엄우嚴羽는 『창랑시화滄浪詩話』에서 "차운이 시에 가장 해가 된다."했고, 왕세정王世貞은 『예원치언藝苑巵言』에서 "화운과 연구聯句(공동창작)는 시에 해가 되기 쉽고 큰 도움이 되지 않는다."라고 했다. 신운설神韻說을 주장한 청대淸代의 대표적 시인 왕사정王士禎은 이 때문에 의도적으로 차운시를 짓지 않았다.

조선 문인들도 차운의 문제점을 지적했다. 이천보李天輔는 "이기려는 마음이 생겨 천기天機가 완전히 사라진다."라고 했다. 경쟁심이 시를 망친다는 것이다. 정범조丁範祖는 "뜻이 억지스럽고 시어도 범범한 것이 많다."라고 했다. 운자에 맞추다보니 부자연스럽거나 상투적인 시가 된다는 말이다. 오원吳瑗은 "배열하느라 얽매어 격조에 누를 끼친다."라고 했다. 차운은 시의 자연스러운 격조를 손상하기 쉽다는 말이다.

이러한 비판에도 차운의 유행은 수그러들지 않았다. 조선 문인들은 유난히 차운에 적극적이었다. 아무래도 중국 시를 배워야 하는 입장이었으므로, 이백李白과 두보杜甫의 시를 비롯한 명시名詩에 차운하며 시를 배웠다. 차운시는 학습에 효과적이었다. 중국 사신과의 수창도 차운의 유행을 부채질했다. 조선을 방문한 중국 사신들은 조선 관원들에게 자기들이 지은 시를 내보이며 차운을 요구했다. 절구, 율시는 물론 장편고시, 사辭, 부賦까지 시키는대로 차운해야 했다. 중국 사신과 조선 관원이 주고받은 시를 엮은 『황화집皇華集』 수록작은 대부분 차운시다.

차운시는 시 짓는 능력의 우열을 가늠하는 수단이면서, 동시에 주고받는 사람의 동질감 강화에도 기여했다. 이로 인해 시사詩社를 비롯한 모임에서는 으레 차운시를 주고받았다. 이때 편찬한 수창록酬唱錄 따위의 문헌은 셀 수 없을 정도다. 이 뿐만이 아니었다. 선현先賢의 시에 차운하는 행위는 존경의 의미로 받아들여졌다. 성리학자라면 한번쯤 주자의 시에 차운했고, 영남 문인이라면 한번쯤 퇴계의 시에 차운했다. 조선 문인들은 차운을 자연스러운 창작 방법으로 받아들였다. 시선집에 선발된 명시 중에도 차운시가 적지 않다.

차운시가 자유로운 창작을 방해한다지만, 아무런 제약이 없으면 오히려 창작이 어려워진다. 보기 중에 답을 고르는 객관식보다 빈칸에 답을 쓰는 주관식이 더 어려운 이치다. 형식적 제약이 엄격한 율시律詩보다 제약이 느슨한 고시古詩가 더 짓기 어렵다는 점은 여러 문인들이 지적한 바이다. 차운시에 익숙해진 문인들은 운자가 주어지지 않으면 오히려 당황했다. 차운은 시인의 자유를 속박함으로써 창작을 도왔고, 시인들은 그 속박을 즐기며 시를 주고받았다.

놀이의 특성

요한 하위징아Johan Huizinga(1872~1945)의 『호모 루덴스homo ludens』는 '놀이'를 말할 때 빼놓을 수 없는 책이다. 하위징아는 인간이 만든 문화에는 크건 작건 놀이의 특성이 있다고 보았다. 그는 인간이 놀이의 본성에 바탕하여 문화를 만들어내었다고 주장한다. 종교와 철학, 신화와 예술, 심지어 전쟁과 법률까지도.

하위징아는 놀이의 일반적 특징을 네 가지로 정리한다. 첫째, 놀이는 자발적이다. 타인에 의해 강제되는 행위는 놀이가 아니다. 명령에 의한 놀이는 놀이가 아니며, 언제든 참가자의 의사에 따라 그만둘 수 있어야 한다. 놀이는 자유로운 행위라는 것이 그의 주장이다. '오징어게임'에서 주최 측이 자발적 참여를 누누이 강조하는 이유가 이것이다.

둘째, 놀이는 일상 생활에서 벗어난 행위다. 놀이에서 벌어지는 일은 모두 가짜이며 뚜렷한 목적이 없다. 뚜렷한 목적이 없더라도 사람들은 놀이에 열광한다. '내기'는 엄밀히 말하면 놀이가 아니다. 목적이 다른 데 있기 때문이다.

셋째, 놀이는 시간과 공간의 제약을 받는다. 놀이는 시작과 끝이 있고, 일정한 구역 안에서 벌어진다. 시간과 공간의 제약은 놀이의 규칙이다.

넷째, 놀이는 질서를 창조한다. 놀이의 규칙은 일정한 질서를 만들어내고, 그 질서 안에서 이루어지는 모든 행위는 놀이가 된다. 일상생활은 무질서하지만 놀이는 질서정연하다. 규칙을 어기면 놀이는 성립하지 않는다. 하위징아는 놀이를 이렇게 정의한다.

> '일상' 생활의 바깥에서 벌어지고, '진지하지 않은' 성격을 갖고 있으며, 독립되어 있는 자유로운 행위이나, 놀이하는 사람을 완벽하게 몰두하도록 만든다. 그것은 물질적 이해와는 상관없는 행위이고 아무런 이득도 제공하지 않는다. 그 나름의 시간과 공간의 한계를 가진 놀이터 내에서, 고정된 규칙에 따라 일정한 방식으로 수행된다. 사회적 집단의 형성을 촉진하고 그 집단은 은밀함 속에 자신들을 감추면서 위장과 기타 수단을 동원하여 평범한 세상으로부터 벗어나 있음을 강조한다.

하위징아가 인간의 문명 가운데 놀이의 특성을 가장 잘 보존하고 있다고 본 것이 다름 아닌 '시'이다. 시는 하위징아가 말한 놀이의 특성을 모두 가지고 있다. 하위징아는 사회가 발달할수록 종교, 법

률, 전쟁은 놀이와의 거리가 멀어지지만, 시만큼은 여전히 놀이와 유사하다고 보았다. 시의 언어는 논리적 인과관계를 벗어나며, 일상과 다른 규칙이 적용된다. 시는 엄밀한 규칙을 따르면서도 무한히 변용할 수 있다. 시의 특성이라고 할 수 있는 운율과 대우는 시가 말로 하는 놀이라는 사실을 단적으로 보여준다. 시가 경쟁의 수단으로 사용된 것도 전세계적인 현상이었다.

시는 운율의 놀이다. 호메로스의 〈오디세이아〉는 B.C. 8세기경 구전으로 성립되었다. 그것이 문자로 기록된 것은 2백 년쯤 뒤이다. 문자가 없던 시절에는 암송으로 전해질 수밖에 없었다. 엄청난 분량의 〈오디세이아〉를 암송할 수 있었던 이유는 무엇일까. '헥사메터'라고 하는 운율 덕택이다. 운율은 단어의 강세를 조절하고, 이를 통해 리듬을 만든다. 〈오디세이아〉가 구전으로 전승될 수 있었던 것은 운율 덕택이다.

문자가 등장한 이후로는 운율이 주는 청각적 효과 외에도 문자의 배열을 통한 시각적 효과가 사용된다. 한 글자부터 시작해서 행을 바꾸면서 두 글자, 세 글자, 열 글자 넘게 늘어났다가 다시 줄어드는 층시層詩가 대표적이다. 한시뿐만 아니라 현대시에서도 사용되는 기법이다. 하위징아가 말한 대로 시는 인간의 본성을 자극하는 놀이다.

놀이의 분류

여가를 보내는 방법은 다양하다. 독서, 드라마 시청, 영화 관람, 사진 촬영, 뜨개질, 음악 감상, 악기 연주, 그림, 공예, 운동, 게임, 사람이 하는 일은 모두 여가에 즐기는 놀이가 될 수 있다.

놀이를 분류해 보자. 여러 가지 기준으로 분류할 수 있겠지만, 수동적으로 수용하느냐 능동적으로 참여하느냐로 구분할 수도 있다. 내가 드라마를 보거나 영화를 본다고 줄거리가 바뀌는 것은 아니다. 내가 음악을 듣는다고 리듬과 멜로디가 바뀌는 것도 아니고, 그림을 본다고 색깔이 바뀌는 것도 아니다. 이것은 이미 존재하는 것을 즐기는 '수동적 놀이'다. 반면 운동이나 게임은 다르다. 내가 어떻게 하는가에 따라 결과가 달라진다. 뭔가를 만드는 취미도 마찬가지다. 이것은 결과가 정해지지 않은 '능동적 놀이'다.

문학작품을 읽는 행위는 '수동적 놀이'를 대표한다. 문학작품은 독자에게 재미와 감동을 준다. 따분하거나 형편없다고 생각할 수도 있을 것이다. 그러나 내가 아무리 많은 시와 소설을 읽는다 한들, 아무리 작품을 칭찬하고 욕한다 한들, 작품은 변하지 않는다. 독자는 이미 완성된 작품에 개입할 방법이 없다. 변하는 것은 독자의 생각뿐이다. 물론 그것이 중요하므로 문학작품 읽기가 필요하다.

문학작품을 창작하는 행위는 어떨까. 내가 얼마나 많은 배경지식을 가지고 있는가, 내가 얼마나 공들여 글을 쓰는가에 따라 결과가 달라진다. 똑같은 주제로 글을 써도 쓸 때마다 달라진다. 이것은 분명 '능동적 놀이'에 속한다.

다시 놀이의 분류로 돌아가 보자. 혼자 하는 놀이와 여럿이 함께 하는 놀이로 구분할 수도 있을 것이다. 독서, 드라마 시청, 영화 관람은 대체로 혼자 하는 놀이이다. 운동은 혼자 할 수도 있지만 여럿이 함께하면 더욱 재미있다. '자신과의 싸움'이라고 일컬어지는 마라톤 경기를 2시간 넘게 지켜보는 사람은 손에 꼽을 정도지만, 평균 3시간이 넘는 야구 경기를 처음부터 끝까지 관전하는 사람은 드물지 않다. 여러 사람의 경쟁과 협력이 흥미를 일으키기 때문이다.

게임은 컴퓨터를 상대로 혼자 할 수도 있지만, 요새는 여러 사람이 함께하는 게임이 대세다. 컴퓨터가 사람보다 똑똑한데 어째서 사람을 상대하는 게임이 더 재미있을까. 인간은 예측할 수 없는 존재라서 그렇다. 인간은 자신의 이득을 위해 속임수를 쓰기도 하고, 타인을 위해 손해를 감수하거나 자신을 희생하기도 하고, 어이없는 실수를 저지르기도 한다. 여러 사람의 상호 작용은 놀이를 더욱 흥미진진하게 만든다.

문학작품의 창작은 본디 개인적 행위다. 공동으로 창작하는 경우도 있기는 하지만, 특별한 경우에 한한다. 지금 남아 있는 한시도 대부분 단독 창작이다. 다만 단독 창작이란 혼자 골방에 앉아 머리를 싸매고 짓는 것이 아니다. 혼자 힘으로 작품을 완성하였을 뿐, 분명 그 공간에는 혼자만 있지 않았을 것이다. 여러 사람이 모여 운韻과 제목을 정하고 각자 작품을 완성하여 서로 공유하고 품평하는 것이 보편적인 한시 창작 환경이었기 때문이다. 따라서 한시 창작은 여럿이 함께 하는 놀이에 가깝다. 혼자 짓고 혼자 노트에 기록하고 혼자서만 보는 사람은 많지 않았다. 내가 지어서 남에게 보여주고, 내가 지었으니 너도 지어보라고 요구하는 것이 일반적이었다.

  한시의 형식은 당나라 때 완성되었으며, 이후 큰 변화가 없었다. 그러니까 우리나라 사람들은 천 년 넘게 똑같은 규칙에 따라 한시를 지었던 것이다. 어찌보면 천편일률적이다. 천편일률적인 한시가 이렇게 오랫동안 여가를 보내는 방법으로 애용된 이유는 무엇일까. 다름아닌 위에서 말한 '능동성'과 '상호성'이다.

놀이의 흥미요소

사람들이 놀이를 재미있다고 느끼는 이유는 무엇일까. 놀이의 본질과 흥미 요소에 대한 논의가 적지 않으나, 여기서는 쉽게 정리한다.

첫째는 문제해결이다. 처음에는 익숙지 않던 행위가 반복할수록 익숙해지면서 사람들은 흥미를 느낀다. 운동장 한 바퀴도 숨이 차서 못 뛰던 사람이 나중에는 마라톤 풀코스를 완주한다. 도레미파솔라시도조차 소리내지 못하던 사람이 나중에는 어려운 악보를 소화해 낸다. 캐릭터의 목숨이 열 개라도 게임 첫 번째 스테이지를 통과하지 못하던 사람이 나중에는 한 번도 죽지 않고 최종 보스에게 도달한다. 이처럼 사람은 반복을 통해 능숙해지면서 문제를 해결하고 목표를 달성한다. 이 과정에서 느끼는 흥미는 무엇과도 비교할 수 없다. 성장이 주는 기쁨이다.

한시 창작도 마찬가지다. 한시는 어렵다. 우리말이 아닌 문자로 내 생각과 감정을 표현하는 과정이 쉬울 리 없다. 그것도 엄격한 형식을 지켜가면서. 하지만 이 역시 반복할수록 익숙해진다. 나중에는 스스로 이런저런 제약을 걸어놓고 한시를 짓는다. 한시 창작의 흥미는 주어진 제약을 극복하는 과정에서 생긴다. 다만 조건이 있다. 주어진 과제가 너무 쉽거나 어려우면 흥미를 잃는다. 따라서 놀이는 단계별로 과제를 적절히 설정하는 것이 관건이다.

둘째는 경쟁이다. 혼자하는 놀이보다 여럿이 하는 놀이가 재미있는 이유는 앞에서 말했다. 협동과 경쟁이 모두 놀이를 재미있게 만드는 요소지만, 뭐니뭐니해도 놀이의 핵심은 경쟁이다. 상벌이 개입하면 경쟁을 더욱 치열하게 만든다. 승자가 이익을 차지하는 '내기'는 놀이를 넘어 일종의 산업으로 자리잡았다. 설령 이득이 없을지라도 경쟁에서 이겼다는 사실 자체가 만족감을 선사한다. 여러 사람이 한 자리에 모여 한시를 짓는다는 것은 그 자체로 경쟁이다. 한시 창작은 경쟁의 요소를 포함하고 있으므로 흥미로운 것이다.

셋째는 서사이다. 서사란 쉽게 말해 이야기이다. 사람은 이야기에 흥미를 느낀다. 소설과 드라마, 영화가 재미있는 이유다. 스포츠에도 서사가 있고, 음악도 형태는 다르지만 서사가 있다. 단순한 아케이드 게임이 아닌 이상, 게임도 서사가 필요하다. 한시는 단형의 문학작품이지만 여기에도 서사가 있다. 4구, 8구의 짧은 한시 형식에서도 서사는 가능하다. 무엇보다 한 편의 한시를 완성하는 과정 자체가 하나의 서사다. 내가 만들어낸 서사를 다른 사람이 읽고, 다른 사람이 만들어낸 서사를 내가 읽는다는 것은 충분한 흥미 요소이다.

넷째는 요행이다. 승부를 결정하는 것이 오직 실력뿐이라면 실력이 뛰어난 사람이 항상 승리한다. 이래서는 재미가 없다. 재미를 위해서는 실력이 뛰어난 사람도 패배할 수 있는 장치를 마련해야 한다. 그것이 요행이다. 실력이 있는 사람도 요행이 따르지 않으면 패배하고, 실력이 부족한 사람도 요행을 얻으면 승리할 수 있다면, 놀이는 더욱 흥미로워진다. 많은 놀이가 요행의 개입을 허용함으로써 흥미를 배가한다. 흥미진진한 놀이는 결과를 예측할 수 없다.

한시 놀이 역시 요행의 개입이 상당하다. 어떤 운자가 주어지는가, 어떤 제목이 주어지는가에 따라 승부가 달라질 수 있다. 시패 놀이의 경우에는 무작위로 할당받은 글자가 승부를 결정한다. 주사위를 사용하는 남승도 등의 놀이는 말할 것도 없다. 극적인 승부를 가능케하는 요행은 놀이에 빠질 수 없는 요소이다.

◈ 　나오는 말_ 한시의 미래

나는 대학생들에게 한자와 한문을 가르친다. 한자와 한문은 어떻게 다른가? 한자는 낱글자고, 한문은 그 낱글자를 모아서 만든 문장이다. 이제 한문은 일상생활에서 사용하지 않고, 한자를 사용하는 일도 드물어지는 추세다. 자기 이름 세 글자를 한자로 쓰지 못하는 대학생이 많다. 당연하다. 중고등학교에서 한자를 배울 기회가 줄어들었기 때문이다.

그래도 한자를 알면 여러모로 유익하다는 건 다들 알고 있다. 한국어 단어의 절반 이상이 한자어이기 때문이다. 일상 용어는 순수한 우리말이 많지만, 전문 용어는 한자어가 많다. 과거 우리가 중국과 일본을 통해 근대 학문을 받아들인 탓이다. 따라서 고급 한국어를 구사하기 위해서는 한자와 한문을 알아야 한다. 그래서 기회가 있을 때마다 한자, 한문 교육의 필요성을 주장하지만, 반응이 신통치 않다. 필요성은 공감하지만, 어렵고 복잡하므로 진입 장벽이 높기 때문이다. 그래서인지 한자, 한문 수업에 임하는 학생들은 대체로 지루한 표정이다.

기초적인 한자를 가르치고 나면 단문과 한시를 가르친다. 수업에서 다루는 한시는 대체로 짧다. 20자로 구성된 오언절구 또는 27자로 구성된 칠언절구를 몇 편 읽는 게 고작이다. 그런데 학생들이 의외로 한시에 흥미를 보인다. 간신히 외운 한자들이 모여서 의미를 만드는 과정이 신기해서일 수도 있고, 한시의 예스러운 분위기가 참신하게 느껴져서일 수도 있다. 어쩌면 한시가 담고 있는 인간의 원초적 감정이 오늘날에도 여전히 공감을 자아내기 때문인지도 모르겠다.

나 역시 중고등학교 한문 시간에 당나라 시인 가도賈島의 〈송하문동자松下問童子〉, 정지상鄭知常의 〈송인送人〉을 배우면서 색다른 매력을 느낀 경험이 있다. 그 잠깐의 경험이야말로 지금까지 한시의 세계를 파고든 원동력이었다. 감정의 여운과 생각의 여지를 남기는 것이 한시의 매력이다.

한시를 어렵게 여길 필요가 없다. 한시는 원래 놀이다. 끝말잇기, 수수께끼, 가로세로 낱말 퀴즈처럼 언어를 이용한 놀이다. 복잡한 규칙이 있지만 일단 익숙해지면 오히려 규칙이 한시를 수월하게 짓게끔 돕는다. 혼자 지어도 재미있지만 여러 사람이 함께 지어도 재미있다. 읽는 것도 마찬가지다. 책도 혼자 읽는 것보다 여럿이 함께 읽고 토론하는 것이 낫지 않은가.

  한시는 논리적이기보다는 감성적이다. 설득하기보다 공감하게 만드는 장르다. 노골적이고 과격한 언어가 횡행하는 오늘날, 한시의 온건하고 함축적인 언어는 우리의 언어생활을 돌아보게끔 만든다. 한시는 하나의 정답을 요구하지 않으며 다양한 해석이 가능하다. 나는 옳고 너는 틀렸다는 극단적 이분법이 난무하는 우리 사회에도 시사하는 바가 있다고 본다. 이것이 수백, 수천 년의 세월을 버틴 고전의 힘이다.

❖ 참고문헌

1. 단행본

요한 하위징아 저, 이종인 역, 호모 루덴스, 『연암서가』, 2018.
정　민, 『한시미학산책』, 솔, 1998.
안대회, 『한국시화사』, 성균관대학교 출판부, 2024.
이종묵, 『한국 한시의 전통과 문예미』, 태학사, 2003.

2. 논문

고은지, 「20세기 놀이문화인 시조놀이의 등장과 그 시조사적 의미」, 『한국 시가연구』 24집, 한국시가학회, 2008.
조유영, 「가투놀이의 형성과 정착과정」, 『영남학』 11호, 경북대학교 영남문화연구원, 2007.
서종원, 「일제강점기 가투대회를 통해 본 가투놀이의 등장 배경」, 『어문논집』 54집, 중앙어문학회, 2013.
김성언, 「놀이문화로서의 한시」, 『한국한시연구』 22집, 한국한시학회, 2014.
이종묵, 「조선 후기 놀이문화와 한시사의 한 국면」, 『애산학보』 34집, 애산학회, 2008.
이미진, 「조선 중기 잡체시의 창작배경에 대하여」, 『대동한문학』 39집, 대동한문학회, 2013.
＿＿＿, 「조선후기 잡체시 창작상의 몇 가지 특징」, 『동양한문학연구』 52집, 동양한문학회, 2019.

이로편, 「동파체 : 명대 중한 시부외교의 희작과 경기」, 『연민학지』 20집, 연민학회, 2013.

안승우, 「권채의 『작성도론』의 게임적 특성과 인성교육적 함의」, 『유교사상문화연구』 75집, 2019.

유현주, 「'상영도' 이본 연구」, 『민속학연구』 34호, 국립민속박물관, 2014.

_____, 「조선시대 여행 판놀이를 통해 본 문학과 놀이 – 남승도와 상영도를 중심으로」, 『한국고전연구』 31집, 한국고전연구학회, 2015.

_____, 「'상영도'에 등장하는 여행지의 인문지리적 성격과 의미」, 『남도민속연구』 28집, 남도민속학회, 2014.

이은영, 「『남승도시첩』 연구」, 『한문학논집』 53집, 근역한문학회, 2019.

임영걸, 「조선시대 종정도 놀이의 향유와 관련 시문들에 대한 고찰」, 『대동문화연구』 125집, 성균관대학교 대동문화연구원, 2024.